NAMIBIA

Dort, wo die Klippen im Boden verschwinden senkt sich das Gelände, noch immer ziemlich steil, mit riesigen Felsblöcken und dichtem wunderbarem Baumwuchs bedeckt, hinab zur Ebene ...
Unendlich dehnt sich die gelbflimmernde Savanne und verschwimmt in der Ferne im glasigen Lichte des Horizontes.
Tief in diese Hochfläche nun ziehen sich häufig viele kilometerlange Schluchten. Und eine von ihnen war das Reich ... des Leoparden.

Hans Anton Aschenborn,
Satan und andere afrikanische Tiergeschichten

NAMIBIA

Fotografie Bodo Bondzio

Text Bernd Wiese · Jürgen Kempf

Bucher

Inhalt

Seite 1: Leopard auf Farm Düsternbrook bei Windhoek.
Seite 2/3: An der Lagune von Sandwich Harbour.
Seite 4/5: Der Köcherbaumwald von Keetmanshoop.

Die Lagune von Walvis Bay ist ein Eldorado für Wasservögel. Von der Uferpromenade aus kann man die Flamingos beim Fischen beobachten.

Vorangegangene Doppelseite: Ein Wrack an der Skelettküste. An dieser gefährlichen Küste sind Hunderte von Schiffen zerschellt. Sie scheiterten an den tückischen Meeresströmungen und dem Nebel.

Bernd Wiese

Paradies der Einsamkeit: Namibia

Eine herbe Schönheit wie Namibia ist nichts für hastige Eroberer. Es ist ein Land für Augenmenschen. Für Entdecker der Langsamkeit, die dem Meer der Dünen nachsehen bis zum Horizont. Für Genießer der Stille, die nicht die Leere der Wüste schreckt und nicht das brütende Schweigen der Savanne. Natur in Namibia bedeutet nicht Lieblichkeit, sondern erschreckend-fesselndes Drama der Farben, der Felsen und des Windes. Bis heute ist der Mensch Nebenfigur geblieben in diesem Schauspiel, in dem die Natur die Regeln bestimmt. Mit Stärkeren legt sich schließlich keiner gern an.

Aber die Landschaften Namibias sind kein unbarmherziger Feind des Lebens. Sie sind eher Treffpunkt der Überlebenskünstler. So abweisend die Felsen der Steinwüste auch scheinen, selbst sie lassen Inseln der Lebendigkeit zu. So verkrustet der Salzboden des Sossusvlei ist, auch er verwandelt sich mit dem Regen in einen kleinen wasserspendenden See. Namibia ist eben auch das Land der Überraschungen. Für die Neugierigen, die lieber eine vertraute Vorstellung über Bord werfen als auf ein neues Erlebnis zu verzichten.

Die Wüste lebt

Auch wenn sie oft als Wüste bezeichnet wird, ist die Kalahari allenfalls eine Halbwüste. Sie nimmt zwar gelegentlich während der Trockenzeiten vor allem im Süden Namibias einen wüstenähnlichen Charakter an, doch schon geringe Niederschläge bringen blühendes Leben zum Vorschein. Pflanzenkeime überdauern monate-, ja sogar jahrelang im sandigen Boden, um nach den ersten Regen zu treiben und den mit dem Regen mitwandernden Tierherden als Nahrung zu dienen. Selbst einzelne Fischarten, wie zum Beispiel der Lungenfisch, können überleben. Sie lassen sich tief im Schlamm der Trockenflußbetten und Pfannen zum Ende der Regenzeit in einer Schleimhülle regelrecht einbacken und kehren, sobald die Schutzschicht wieder aufweicht, in ihr feuchtes Element zurück. Bis zu vier Jahre halten es Lungenfische in ihrer Höhle aus: Eine winzige Atemröhre verbindet sie mit der sengenden Hitze der Außenwelt.

Ebenso geschickte, im Lauf der Evolution ausgeklügelte und erprobte Überlebensstrategien begegnen einem in der Namib, der einzigen echten Vollwüste des Landes. Sie bildet einen nur hundert bis hundertfünfzig Kilometer breiten Küstenstreifen, der sich von der Kapprovinz Südafrikas über eine Strecke von mehr als zweitausend Kilometer bis nach Angola im Norden erstreckt.

Im sandigen Teil, der sogenannten Dünen-Namib, spielt sich ein beträchtlicher Teil des Lebens unter der Erdoberfläche ab. Vor allem Käfer, Echsen und Schlangen, aber auch kleinere Säugetiere wie Mäuse graben sich während der heißen Tageszeit oft in Sekundenschnelle in den glühenden Sand. Die Seitenwinder-Viper, eine sehr giftige Puffotternart, versteht es, in ungeheurem Tempo die Dünenhänge hinunterzujagen. Dabei bedient sie sich einer für Schlangen ungewöhnlichen Fortbewegungsart, dem sogenannten «Seitenwinden». Die Viper vollführt nicht die übliche horizontale Wellenbewegung, sondern bildet eine aufgerichtete, sich immerwährend drehende Spirale, die nur an zwei wechselnden Punkten Bodenkontakt hat; diese Bewegung läßt die Viper förmlich über den Sand fliegen. Sie hinterläßt auf dem Boden ein typisches Streifenmuster. Auch bei der Jagd verhalten sich die Puffottern der Wüste sehr geschickt: Nach dem Eingraben

Ein unvermuteter Farbtupfer: An der sonst eher unwirtlichen Skelettküste wachsen viele Flechtenarten.

pflegen sie die Schwanzspitze aus dem Sand zu stecken. In Erwartung eines grünen Blattes nähern sich Insekten, meist Ameisen; diese wiederum locken einen Gecko oder auch andere insektenfressende Eidechsen an – was ihren sicheren Tod bedeutet. Die Schlange schlägt so schnell zu, daß es mit bloßem Auge nicht zu verfolgen ist.

Viele Tiere decken ihren Flüssigkeitsbedarf mit dem, was sie an fester Nahrung aufnehmen – andere lecken Tau von den Pflanzen oder Kondenswasser aus Bodenunebenheiten.

Hervorragend angepaßt an das karge Wüstenleben sind auch die Pflanzen der Namib. Dabei wenden sie zwei Hauptstrategien zum Schutz vor dem Austrocknen an. Zum einen versuchen Pflanzen, durch eine kleine Oberfläche ihrer oberirdischen Teile, durch Blattbehaarung, wachsartige Schutzschichten oder verkleinerte Spaltöffnungen an Blättern ihre Verdunstungsrate herabzusetzen, zum anderen durch die sogenannte Sukkulenz Flüssigkeit zu speichern. Dabei wird zwischen Stammsukkulenten wie den Euphorbien (Wolfsmilchgewächsen) und Blattsukkulenten wie den Aloen unterschieden. Viele dieser wegen ihres aufgequollenen Aussehens auch «Fettpflanzen» genannten Arten gedeihen unter den harten Bedingungen der Wüste oder Halbwüste nur an außergewöhnlich günstigen Standorten. Lithops – «Hottentottenpopos» oder «lebende Steine», wie sie der namibische Volksmund nennt – wachsen bevorzugt in Felsspalten mit einem lebensfreundlicheren Mikroklima. Die wunderbare Welwitschia überlebt mit Hilfe des Taus.

An den Rändern, wo über hundert Millimeter Regen pro Jahr fallen, geht die Namib in eine Zwergstrauch-Halbwüste über, die vor allem das zentrale Süd-Namibia prägt. Charakteristisch sind hier die Horstgräser, der Dornbusch und wasserspeichernde Fettpflanzen. Für die Tierwelt der Namib gilt generell, daß die Anzahl der Großtiere zu den trockenen Bereichen hin stark abnimmt; sie weichen zunehmend kleineren Formen und Erdbewohnern. Dennoch durchstreifen auch Einzelgänger oder Kleingruppen von Kudus, Spießböcken oder Elefanten die trockenen Gebiete – vor allem das Kackoveld ist bekannt für seine Dickhäuter-Einzelgänger.

Blumen sind selbst in den Halbwüsten Namibias keine Seltenheit. Das gefiederte Kapkörbchen speichert das knappe Wasser in den Blättern und im Stengel.

Das Schweigen der Savanne

Die sehr ähnlich aussehenden Landschaftstypen Steppe und Savanne lassen sich leicht voneinander abgrenzen, der Unterschied ist eigentlich nur Definitationssache: so werden tropische Grasländer Savanne genannt, außertropische dagegen Steppe. In Namibia zieht sich die Grenze zwischen Savanne und Steppe vom Marienfluß, dem unteren Kunene, quer über das Kaokoveld und Damaraland entlang einer Linie Usakos-Rehoboth-Mariental in die Südostecke Namibias. Total verschiedene, größtenteils nicht einmal verwandte Pflanzenarten haben gleichgestaltige Formationen hervorgebracht. Zu den unterschiedlichen Savannenarten werden, je nach Anzahl der feuchten Monate, etwa sechzig Prozent der Landschaften Namibias gerechnet.

Am trockensten sind die Dornsavannen, wo nur in zwei bis vier Monaten des Jahres die Regenmenge die Verdunstungsmenge überschreitet. Den größten Teil des Jahres verdunstet also das gesamte Niederschlagswasser. In der südlichen Kalahari dominiert die Dornsavanne, nur vereinzelt stehen Akaziensträucher oder Bäume. In der etwas feuchteren Zentralkalahari – etwa im Gebiet um Gobabis – überwiegt an Gehölzen vor allem der Kameldorn (Acacia erioloba), der hier Baumwuchs erreicht. Auf dem zentralen Hochland um Windhoek fällt wegen der höheren Lage mehr Niederschlag, so daß die Dornsavanne hier reicher an Gehölzen ist und zum fast undurchdringlichen Busch wird. Hinzu kommt, daß durch die starke Beweidung in den letzten hundert Jahren eine kräftige «Verbuschung» vorangeschritten ist. Der immerwährende Wettkampf von Gras und Gehölz um Licht und Bodenraum in der Savanne wurde einseitig entschieden, indem das Vieh auf den unkontrollierbar großen Weiden natürlich nur das schmackhafte Gras abfraß, die Schößlinge der dornigen Sträucher jedoch stehenließ. Diesen Wuchsvorteil nutzen Gehölze wie vor allem Akazien, um sich auszubreiten; aus Mangel an Licht entwickelt sich dann kaum noch ein Grashalm.

Links: Dieser Stahlstich stammt aus dem 1858 erschienenen zweibändigen Bericht des Schweden Charles John Andersson über seine Namibia-Reisen. Der Zoologe gehörte zu den ersten, die sich in die unerforschten Gebiete des Landes wagten.
Mitte: Der Große Kudu, eine Antilopenart, ist auch heute noch häufig zu finden in Namibia. Stahlstich aus Anderssons Reisebericht.

Die Trockensavannen nehmen mit Ausnahme des Küstenstreifens nahezu das gesamte nördliche Drittel Namibias ein. Hier regnet es in der Regel etwa die Hälfte des Jahres, im Westen etwas weniger, im Osten etwas mehr. Von den klimatischen Bedingungen hängt auch die Struktur der Trockensavanne ab. In der Regel bildet sie einen sehr lichten Wald ohne Kronenschluß. Je nach Bevölkerungsdichte und dem davon abhängigen Brennstoff- und Bauholzverbrauch ist der Baumbewuchs spärlich oder fehlt ganz. Wo kein Ackerbau betrieben wird, nehmen hohe Büffel- und Elefantengräser die Savanne in Beschlag. In den halbfeuchten Regionen entstehen gelegentlich «Savannenparks»: Obst- und andere Nutzbäume werden geschont und genießen oftmals bei der Bevölkerung mythisches Ansehen; alle anderen Baumarten fallen dem Brennholzbedarf zum Opfer. Vor allem im nördlichen Ovamboland sowie im Kavangoland tritt diese Bewirtschaftungsform der Savanne auf.

Im Kaokoveld und Westovamboland stehen die hier sehr häufigen Mopane-Bäume mit ihren charakteristischen schmetterlingsförmigen Blättern in weiten Abständen – die Trockenheit erfordert einen weitausgreifenden Wurzelraum für eine ausreichende Wasser- und Nährstoffversorgung. Diese Mopane-Trockenwälder bilden dichtere Bestände dort, wo langgestreckte Senken natürliche Abflußrinnen (in der Sprache der Ovambo «oshanas») für die starken Niederschläge der Regenzeit bilden. Ostovambo-, das Kavango- und Buschmannland tragen eine andere Art Savannenwald. Hier überwiegen Schirmakazien oder Kameldornbäume in dichten, zum Teil wirklich waldartigen Beständen. Dazwischen stehen auf sandigen, trockenen Standorten, vor allem im Kaudom-Nationalpark und im Caprivi-Streifen, vereinzelt Affenbrotbäume (Baobabs) mit ihren dicken, mächtigen Zylinderstämmen und den wulstigen Ästen. Der Baobab ist der Charakterbaum der afrikanischen Trockensavannen und gleichzeitig ihr wichtigster Wasserspeicher. Seine Stämme von oft über dreißig Meter Umfang können bis zu zehntausend Liter Wasser aufnehmen und über Jahre hinweg frisch halten. Einheimische

Rechts: Nashörner, Elefanten und Giraffen versammeln sich an einer Wasserstelle. In den wildreichen Naturschutzparks Namibias sind sie auch heute in großer Zahl zu bewundern. Stahlstich aus Anderssons Reisebericht.

benutzen hohle Bäume als Tanks, und wer den Verschlußspund absichtlich öffnete oder das Wasser verschmutzte, konnte mit Tod oder Vertreibung bestraft werden. Auch europäische Reisende sollen nicht verschont worden sein, wie frühe Forscher berichten. Von den San, den Ureinwohnern des Landes, wird erzählt, daß sie gelegentlich mit Hilfe von Strohhalmen Wasser aus einem Baobab stehlen.

Zudem spielt der Affenbrotbaum in der lokalen Ökonomie der Einheimischen dank seiner vielfältigen Verwendbarkeit eine bedeutende Rolle. Nahezu alle Teile des Baumes werden verwendet. Besonders begehrt ist das in harte Schalen eingebettete Fruchtmark, das getrocknet wie Kreidebrocken aussieht und süßlich-erfrischend schmeckt. Es enthält viel Vitamin C und beugt damit Mangelerscheinungen wie dem Skorbut vor. Deswegen war «Affenbrot» auch bei den frühen Reisenden und Kalahari-Durchquerern sehr beliebt – zumal es in der Trockenzeit erntereif wird, in der es an frischen Nahrungsmitteln oft mangelte. Teile des Baumes finden in der traditionellen Medizin Anwendung als Mittel gegen Amöbenruhr, Entzündungen, Diphterie, Fieber oder auch bei Wurmbefall. Große, hohle Exemplare bieten vielen Tieren, aber auch Menschen Unterschlupf – in Katima Mulilo gibt es eine öffentliche Baobab-Toilette mit Wasserspülung.

An den feuchteren Standorten der Trockensavanne, etwa in den Galeriewäldern oder Überschwemmungsgebieten der großen Flüsse Kavango, Linyanti, Kwando, Chobe und Zambezi, kommen wilde Feigen und auch einige Palmenarten (Hyphaene ventricosa, Phoenix reclinata, Borassus aethiopum) vor. Diese Bestände behalten auch in der Trokkenzeit ihr Laub und erinnern an die feuchten Tropen.

Besonderheiten unter den Landschaften bieten die Bergsavanne des Karstvelds rund um das Städtedreieck Otavi-Tsumeb-Grootfontein sowie die Etosha-Pfanne. Das kalkhaltige Gestein im Karstveld bildet typische Landschaften der Karstgebirge. Höhlen, Dolinen, Bodensenkungen, Klüfte, die das Regenwasser schnell in die Tiefe ableiten, lassen eine trockene Strauchvegetation entstehen, die bei Beweidung besonders stark zur

Verbuschung neigt. Kalkböden werden auch vom Ahnenbaum der Herero («Omumborombonga») bevorzugt, der hier in ihrem angestammten Lebensraum relativ häufig zu finden ist. Im Norden geht die Bergsavanne in eine aufgelockerte Palmensavanne über.

Das Gebiet rund um die Etosha-Pfanne ist dicht von einer Kleinstrauchformation bewachsen, mit weitflächig wachsenden salzliebenden Gräsern. Die Tierwelt der Dorn- und Trockensavannen bzw. der Steppen im Süden unterscheidet sich weniger in der Zusammensetzung der Arten als vielmehr in ihrer quantitativen Verteilung. Landschaftsprägend, ja zum Teil sogar landschaftsgestaltend sind die großen Säugetiere, die von jeher die Urlandschaft der Savannen Afrikas durchstreifen: Antilopen und Zebras in oft riesigen Herden, andere Arten in kleineren Gruppen und Rudeln. Heute sind sie in ihrer freien Wanderung meist durch den Menschen und seine Bedürfnisse eingeschränkt.

Namibia ist ein Land der Zäune und der Wildhege. Längst unterliegen die Wildtierherden der menschlichen Kontrolle. Rinder und Pferde auf der Weide – Antilopen und Zebras in der Savanne, dieser Vergleich drängt sich auf. Die Wissenschaft streitet sich noch heute, ob Savannen natürlich entstehen und vergehen oder durch Kultur und Bewirtschaftung erst erzeugt werden. Vertreter beider Meinungen haben begründete und nachvollziehbare Argumente. Aber die für einen langen Zeitraum nachgewiesene alleinige Anwesenheit der San-Jäger und Sammler, ihre uralten Felsbilder sowie klimaökologische Indizien deuten darauf hin, daß zumindest die Savannen des südlichen Afrika lange existierten, ehe Viehhirten und Ackerbauern überhaupt daran dachten, die Umwelt für ihre Zwecke zu verändern. Zweifellos gab es Schwankungen in der Vegetation – einmal entwickelte sich die Savanne mehr zum Wald, dann nahm sie wieder den Charakter einer Halbwüste oder Wüste an; die Zusammensetzung der Tierarten hat sich jedoch kaum verändert.

Elefanten, Giraffen, Löwen, Leoparden, Geparden, Nashörner, Büffel – sie alle durchstreifen das Land seit Urzeiten. Viele Arten sind erst durch den Menschen in Bedrängnis geraten, manche bilden nur noch in den umzäunten Schutzgebieten überlebensfähige Populationen.

Dünen, Lagunen, Inselberge

Namibias ganzer Stolz sind die großen Nationalparks, seine Hauptattraktionen. Nahezu hunderttausend Quadratkilometer des mit Naturschönheiten gesegneten Landes stehen unter direktem Schutz der staatlichen Parkverwaltung. Das entspricht etwa zwölf Prozent der Gesamtfläche Namibias. Erst 1986 wurde der größte Nationalpark, der Namib-Naukluft-Park, um ca. drei Millionen Hektar auf fünf Millionen Hektar erweitert. Er ist damit nach dem Selous-Wildreservat in Tansania das zweitgrößte Naturschutzgebiet Afrikas und genauso groß wie Niedersachsen und das Saarland zusammen.

Begonnen hatte dieser landschaftlich vielfältigste Park Namibias mit dem staatlichen Ankauf der Farm Naukluft Mitte der sechziger Jahre, die zur Grundlage des Naukluft-Bergzebraparks wurde – gerade einmal 22 000 Hektar groß. In erster Linie ging es dabei um den Schutz des seltenen Hartmann-Bergzebras, das nur in wenigen Gebieten Namibias und Südangolas vorkommt. Es lebt im Gegensatz zu den Steppenzebras von Etosha nicht in Großherden, sondern nur in Kleingruppen von allenfalls zwölf Tieren. Alte und in harten Rangkämpfen unterlegene Hengste werden oft zu Einzelgängern. Bergzebras sind an die felsigen Gegenden der Naukluft hervorragend angepaßt und gute Kletterer. Zudem können sie mehrere Tage ohne Flüssigkeitsaufnahme auskommen. Dies ist besonders wichtig, wenn während der Trockenzeit die Kalkablagerungen der Bäche und Wasserfälle wie versteinert wirken und sich Wasser nur in einigen Klüften und Gesteinsvertiefungen sammelt. Der Ruf des Hartmann-Zebras erinnert eher an Pferdewiehern denn an das typische «Bellen» der anderen Zebraarten, und oft sind diese Laute das einzige, was man überhaupt von der Anwesenheit der scheuen Felsenbewohner wahrnimmt. Durch den Ankauf weiterer unrentabler Farmen und die Einbeziehung des Dia-

Fortsetzung Seite 23

Die Christuskirche in Windhoek, ein Wahrzeichen der Stadt. Sie wurde 1907 nach der Unterwerfung der Herero als «Denkmal des Friedens» erbaut.

Nächste Doppelseite: Die Kaiserstraße in Windhoek wurde nach der Unabhängigkeit des Landes in Independence Avenue umbenannt. Manche Geschäfte tragen noch deutsche Namen, wie die Luisen-Apotheke in der Mitte des Bildes.

Kalahari Sands Hotel
SAL
SAA

SWA BUILDING SOCIETY
BUILDING
SWA BAUSPAR

Der «Reiter von Südwest» und die Alte Feste in Windhoek stammen aus der deutschen Kolonialzeit. Das Reiterstandbild erinnert an den Kampf der deutschen Truppen gegen die Herero und Nama 1904 bis 1907.

Die Post Street Mall in Windhoek lädt zum Flanieren ein. In der Innenstadt wurde versucht, eine Balance zu finden zwischen historischen Ensembles und modernen Einkaufsvierteln.

Die Kleinstadt Otjiwarongo ist Zwischenstation für die Fahrt von Windhoek in den Norden des Landes.

Okahandja ist das Zentrum eines alten Farm- und Weidegebietes nördlich von Windhoek.

Das Waterberg-Plateau. Zwischen seinen zerklüfteten Felsen entspringen unzählige Quellen. Hat man die steilen Pfade auf das Plateau einmal erklommen, bieten sich herrliche Wanderwege mit eindrucksvollem Fernblick.

Der Friedhof am Waterberg legt Zeugnis ab vom Kampf der deutschen Truppen gegen die aufständischen Herero …

... im Januar 1904 erhoben sich die Herero gegen die deutschen Schutztruppen der weißen Siedler. Das Hirtenvolk hatte viel Land an weiße Farmer und Bergbaugesellschaften verloren, und seine Rechte waren stark eingeschränkt worden. Am 11. August 1904 wurden die Herero am Waterberg von den Deutschen vernichtend geschlagen.

In Windhoeck. Unter dem Einfluß der Missionare begannen die Herero im letzten Jahrhundert, Stoffkleidung zu tragen. Die farbenprächtigen Gewänder der Herero-Frauen entwickelten sich aus der viktorianischen Kleidung der Missionsfrauen.

mantensperrgebietes 2 sowie Teilen des Sperrgebietes 1 – mit Zustimmung der Diamantengesellschaft Consolidated Diamond Mines (CDM) – wurde der Nationalpark auf große Teile der Dünen-Namib ausgedehnt. Der nördliche Teil, der Namib-Wüstenpark, enthält einige markante Landschaftsformen. An der Flußoase Goanikontes befindet sich der Grundwasserstrom des Swakop-Trockenflußbettes besonders nah unter der Erdoberfläche. Hohe, schattenspendende Kameldornbäume und andere Akazien am staubigen Flußbett sowie vereinzelte Tümpel aus der letzten Regenzeit locken gelegentlich Kudus oder Spießböcke, selten auch Leoparden an. Ein zerfallenes Farmhaus, Brunnenruinen und Reste von Mauern sind Überbleibsel von gescheiterten Versuchen, das öde Land zu bewirtschaften. Anscheinend ist auf die Wasserführung des Swakop kein Verlaß. Auf noch frühere Besiedlung deuten die urgeschichtlichen Funde von Keramikscherben in der Felsenhöhle bei Mirabib hin, zwischen der Wüstenforschungsstation Gobabeb und der Kuiseb-Brücke gelegen. Die Siedlungsreste lagen in einer sechzehnhundert Jahre alten Schicht aus Schafdung und -haaren. Sie werden den frühen Khoikhoi zugeschrieben. Heute ist es kaum vorstellbar, daß in dieser leeren Weite jemals Schafe gehalten wurden, wo gerade fünf Wasserlöcher zwischen Swakop und Kuiseb das Wild am Leben erhalten. Nicht selten kann man beobachten, wie Tiere verzweifelt in den trockenen Flußbetten nach Wasser graben.

Der Park erwacht vor allem nachts zum Leben, wenn die Räuber auf Beute lauern, die Säugetiere in der angenehmen Kühle auf Nahrungssuche gehen oder Tau von den Gräsern lecken, oder wenn die über siebzig Vogelarten in der Dämmerung ein kaum zu beschreibendes Konzert anstimmen.

Trotz der scheinbaren Unwirtlichkeit ist der Wüstenpark noch relativ reich an Pflanzen – vor allem Flechten und «lebende Steine», Horstgräser, vereinzelte Dornbüsche, Bäume und auch die Welwitschia sind immer wieder zu finden. Erst wo sich südlich des Kuiseb rötlich-pastellfarbene Dünenmeere schier endlos ausdehnen, hört die Vegetation fast ganz auf. Hier ist selbst für hartgesottene Arten, wie etwa die Welwitschia, kaum noch ein Überleben möglich. Nur einige Flechten und Gräser, die es ausschließlich in derartigen Wüsten gibt, kommen mit dem Wasser aus, das der fast täglich von der Küste heraufziehende Nebel mitbringt. Wo immer er sich niederschlägt, keimt ein Samen, und zarte Gewächse kolonisieren diese Mikrostandorte – der Kampf ums Überleben beginnt. Es drohen Austrocknung und Gefressenwerden, und nur sehr selten gewinnt die Pflanze diesen Existenzkampf.

Nur wenn nach ergiebigen Regenfällen das Wasser einige Zeit stehenbleibt, wie in den Vleis, den Endpfannen der Flüsse Tsondab und Tsauchab, können auch Bäume überleben. So bietet das Sossusvlei mit einigen Dutzend Kameldorn-Akazien und einem kleinen Badesee in manchen Jahren ein ebenso malerisches wie merkwürdiges Bild. Die Küste profitiert sowohl vom Nebel als auch von Niederschlägen: an der Sandwich Bay südlich von Walvis Bay bereichert zum Beispiel eine Süßwasserlagune die Lebenswelt der Wüste. Tausende von Zugvögeln machen hier Station, rosarote und weiße Flamingos finden sich am Fuß der hohen Dünenkämme – eine seltene Szenerie. Es gibt aber auch etwa hundert Arten einheimischer Vögel, die mit ihrem Geschrei in der bisweilen nebelverhangenen Bucht eine Stimmung hervorrufen, als müsse jeden Moment ein dreimastiges Geisterschiff vorbeisegeln. Noch in diesem Jahrhundert sind viele Boote in der Sandwich-Bucht gelandet, doch der stetige Wind hat den Sand so verfrachtet, daß sich der natürliche Hafen geschlossen und eine Lagune entwickelt hat.

Bei den «Big Five» von Afrika

Aus vorkolonialer Zeit ist wenig über die Gegend um den heutigen Etosha-Nationalpark bekannt. Doch muß das Gebiet nördlich der ungewöhnlich großen Salzpfanne über alle Maßen wildreich gewesen sein, wie die enthusiastischen Schilderungen der Reisenden Charles John Anderson (1851 und 1856), Francis Galton (1854), Thomas Baines (1861)

Linke Seite: Oben links: Ein Löwe auf der Flucht vor Jägern. Oben rechts: Eine Hyäne nähert sich langsam einer Falle, einem «Selbstgeschoß». Mitte links: Eine dramatische Jagdszene. Mitte rechts: Löwen und Jäger als Konkurrenten – beide lauern Antilopen auf. Unten links: Jagd auf Strauße. Die Vögel erreichen beim Laufen eine Schrittlänge von vier Metern. Unten rechts: Nashörner waren wegen ihrer stattlichen Nasenbewehrung schon immer begehrte Jagdbeute. Alle Abbildungen der Seite zeigen Stahlstiche aus dem Reisebericht Charles J. Anderssons von 1858.

Rechte Seite: Eingeborene fangen ein Flußpferd. Nur im Caprivi-Streifen finden diese urtümlichen Tiere die Flüsse oder Sümpfe, die sie zum Leben brauchen. Stahlstich aus Anderssons Reisebericht.

oder des Missionars Carl Hugo Hahn (1867) zeigen. Ihre Reisedarstellungen zogen schon sehr früh geschäftstüchtige und trophäengierige Jäger nach Etosha, die oft wahllos auf alles schossen, was ihnen vor den Gewehrlauf kam.

Auch die «Durstlandtrekker», Buren aus dem Kapland auf der Suche nach neuen Weidegebieten, ließen sich entlang ihrer Route nach Angola und ins Kaokoland in den 1880er Jahren hier nieder, um mit Gewehr und Spaten große Teile des weiten, sandigen Landes zu erobern und zu kultivieren. In der Zeit von 1904 bis 1907, während der Kolonialkriege, ernährten sich versprengte Gruppen von bewaffneten Einheimischen gezwungenermaßen von der Jagd. Ursprünglich lebten hier nur die Heikum-Jäger, ein Mischvolk aus Damara und San. Ihre Lebensweise befand sich noch im Einklang mit der Natur und störte das ökologische Gleichgewicht der Arten nicht. 1907 wurden von der Kolonialadministration einige Gebiete zum Tierreservat erklärt, darunter ein Landstrich, der einschließlich der Etosha-Pfanne fast so groß war wie die heutigen namibischen Nationalparks zusammen. Für dieses seinerzeit größte Tierschutzgebiet der Welt wurde eine Jagdordnung mit Abschußquoten, Schonzeiten und Gebühren erlassen, die allerdings dazu führte, daß die traditionellen Jäger nun rechtlich als Wilderer galten. Von Heikum und San konnten schließlich keine Abschußgebühren eingezogen werden. Dank einer rigorosen Naturschutzpolitik ist der Etosha-Nationalpark heute der einzige in Namibia, in dem die «Big Five», die großen Fünf der charakteristischen Tiere Afrikas – Elefant, Nashorn, Löwe, Leopard und Büffel –, verhältnismäßig häufig vorkommen. Unter den Großtieren beherrschen aber vor allem Giraffen und natürlich die Elefanten das Bild. Etwa 2500 Dickhäuter leben im Park. Die Elefanten sind gleichzeitig eines seiner großen ökologischen Probleme. In den lichten Waldformationen werden immer wieder Zerstörungen beobachtet, die auf das Verhalten der Elefanten zurückgehen. Besonders die Ringelhülsenakazie, Sandveldakazie, Dreidornakazie und Hakendornakazie werden durch das Abschälen der Rinde so geschädigt, daß alte Bäume absterben. Eine Regenera-

Giraffe an einer Wasserstelle im Etosha-Nationalpark. Trotz ihres langen Halses muß sie die Vorderbeine grätschen, um ihren Durst zu stillen.

tion der Akazienbestände ist bei der hohen Elefantendichte sehr langwierig, wenn nicht unmöglich. Auch Nashörner und Giraffen ernähren sich von Rinden und Blättern der Akazien. Giraffen fressen – ihr langer Hals erlaubt ihnen dieses Feinschmeckerverhalten – nur das zarte obere Blattwerk mit den Jahrestrieben der Bäume, die dadurch eine charakteristische Kugel- oder Kegelform erhalten. Nahe den Okaukuejo-Wasserlöchern ist dieses Phänomen besonders gut zu beobachten. Gelingt es nicht, den Fortbestand der Akazienarten zu sichern, so könnte dies zum Ende der «Big Five» in Etosha führen.

Das Kernstück des Parks, die über sechstausend Quadratkilometer große Salzpfanne, entstand in einer geologischen Senke während des Pliozäns – vor ungefähr zehn bis zwei Millionen Jahren. Damals floß noch der Vorläufer des Kunene durch diese Senke und bildete einen See. Nachdem der Kunene sein heutiges Bett gefunden hatte, trocknete der See aus, und die Mulde wurde durch Auswehung immer weiter vertieft. Einige der für Trocken- und Dornsavannen typischen Pfannen wuchsen zusammen und bilden heute eine abflußlose Salzwüste. Nur wenige Zuflüsse, die «Oshana» genannten, oft uferlosen Abflußrinnen und einige Trockenflüsse, bringen in regenreichen Jahren Wasser in die Pfanne. Das Salz der Etosha-Pfanne stammt allerdings weniger aus den Zuflüssen, die auch feine Tonpartikel einschwemmen, sondern vielmehr aus dem verdunstenden Grundwasser.

Direkt an die Salzwüste schließen sich eine salzliebende Zwergstrauchsavanne und Grasländer an, wo sich bevorzugt Springböcke, Gnus, Kudus und Zebras aufhalten. Die fehlenden Deckungsmöglichkeiten erschweren es Raubkatzen, sich ungesehen den Herden zu nähern. Je weiter man sich von der Pfanne entfernt, desto mehr verdichten sich die Grasländer zu einem großen Mopane-Trockenwald, dessen schmackhafte Blätter vor allem von Giraffen, Elefanten und Nashörnern gefressen werden.

Ein besonderer Vegetationstyp, das Tambuti-Waldland, befindet sich südwestlich von Namutoni. Es verdankt seinen Namen den hier häufigen dunkelrindigen, schlanken Tambuti-Bäumen, die gemeinsam mit dem Blutfruchtbaum, Ahnenbaum, Kudubusch und der Mopane eine sehr malerische Landschaft bilden. Der dichte Unterwuchs, idealer Nistbereich für Vögel, setzt sich aus Gehölzen wie dem Farbkätzchenstrauch, Lavendelbüschen oder dem dornenlosen Korkrindenbusch zusammen.

Die Vogelwelt von Etosha ist beispiellos und reicht von den großen Laufvögeln – Strauße, Trappen und Sekretärvögeln – über Räuber wie Geier oder Habichte und die schillernden, großschnäbeligen Tokos bis hin zu den kleinen bunten Webervögeln, Namaspechten oder Bartvögeln. Besonders farbenfroh und auffallend ist der Rotbauchwürger, der wegen seines schwarz-weiß-roten Federkleides nicht nur von der deutschsprachigen Minderheit Namibias scherzhaft «Reichsvogel» genannt wird. Die Insektenwelt der Savannen und Galeriewälder reicht von glänzend-bunten Käfern, Libellen, Myriaden von Stechmücken bis zu den in ganz Namibia verbreiteten Termiten mit ihren bis zu sechs Meter hohen Turmbauten.

Eine vergleichbare, aber wegen des dichten Trockenwaldes schwerer zugängliche Lebenswelt zeigt sich im West-Caprivi-Wildpark und auch im Kaudom-Nationalpark, der erst seit 1986 besteht. Dort gibt es besonders große Populationen von Löwen und Antilopen, Schakalen sowie Giraffen. Dazu kommen der seltene Ameisenbär, Honigdachse und Kapfüchse. Wegen der geringeren Elefantendichte und der größeren Feuchtigkeit des Klimas sind hier die vielfältigen Baumbestände weitgehend unzerstört – zwei der wenigen anscheinend vollständig intakten Ökosysteme des südlichen Afrika.

Spurensuche

Die eindrucksvolle Vielfalt der Naturlandschaften Namibias bildet den Hintergrund für eine sehr wechselhafte Besiedlungsgeschichte, die heute kaum noch zu rekonstruieren ist. Durch den unaufhaltsamen Prozeß des kulturellen Wandels sind viele, vor allem mündlich überlieferte Zeugnisse der Vergangenheit für immer verloren. Viele Ereignisse und

Oben links: Felsbild auf der Farm Ombaranga bei Grootfontein, circa 800 Jahre alt. Die afrikanische Felsmalerei erinnert mit ihren abstrakten Formen oft an moderne Kunst (Ausschnitt).
Oben rechts: Viele Felsmalereien kreisen um das Thema Jagd. In der Ururu-Grotte bei Outjo werden Menschen mit Pfeil und Bogen sowie begehrte Jagdtiere dargestellt (Alter der Malerei circa 1000 Jahre).

Vorgänge, die in den Bildern der traditionellen Legenden und Mythen zum Ausdruck kommen, wurden bedeutungslos – eben weil sie nicht mehr zu deuten sind. So muß man sich heute bei der Historie des frühen Namibia auf diejenigen verlassen, die – sicher nicht immer ohne Vorurteile – mündliche Überlieferungen zu Papier gebracht haben; oder man vertraut den Archäologen, die aus den Funden in den Höhlen und Gräbern Namibias auf ganze Zeitalter und Regionen rückschließen müssen. Knochenfunde vormenschlicher Lebewesen sind – im Gegensatz zu Süd- und Ostafrika – aus Namibia bisher nicht bekannt. Vermutlich bildeten die Sandfelder der Kalahari bis in die Neuzeit eine natürliche Grenze für den Menschen und seine Vorläufer. Sie waren wohl für die Stämme der östlichen Hochländer bis in die neuere Zeit das Ende der Welt. Dennoch beginnt die Geschichte Nambias lange vor Ankunft der ersten Europäer, die mit ihren Schiffen südwestafrikanische Küsten erstmals Ende des 15. Jahrhunderts erreichten. Früheste Spuren einer afrikanischen Wildbeuterkultur, die in etwa derjenigen der San des letzten Jahrhunderts entspricht, weisen ungefähr dreißigtausend Jahre vor unsere Zeit zurück. Dabei handelt es sich um früheste Felsmalereien, steinerne Pfeilspitzen, Reste von mit Steinklingen bearbeiteten Knochen und Fragmente bemalter steinerner Figuren, die vor allem in der Apollo-11-Höhle in den Hunsbergen nahe des Oranje gefunden wurden. Die meisten Felskunstwerke, etwa die berühmten Malereien am Brandberg, Erongo oder die Gravuren bei Twyfelfontein, entstanden jedoch erst nach dem 5. Jahrtausend v. Chr.; sie begründeten eine Tradition, die sich bis ins 19. Jahrhundert hinein erhielt. Der Stil und die dargestellten Gegenstände haben sich dabei kaum geändert, lassen jedoch aufgrund gewisser kleiner Unterschiede auf mehrere Entstehungs- und damit Besiedlungsphasen schließen. Vermutlich sah das Land ein wiederholtes Kommen und Gehen von Menschen und Kulturen, das mit wechselnden klimatischen Bedingungen einherging. In niederschlagsreichen Zeiten war selbst die Namib zeitweise besiedelt: auf den kahlen Flächen bestand in diesen Phasen zumindest eine Grassteppen-Vegetation.

Links: Auf der 1963 bei Outjo entdeckten «Elefantenplatte» sind neben Elefanten Gnus, Springböcke und Paviane dargestellt. Rechts: Ein Felsbild auf der Farm Ombaranga bei Grootfontein, circa 800 Jahre alt. Bis heute ist es nicht gelungen, die Bedeutung der Zeichen zu entziffern (Ausschnitt).

Die letzten Zeugen der Steinzeit

Die Kultur der Jäger und Sammler wird heute von den wenigen San repräsentiert. Statt der abwertenden burischen Bezeichnung «Buschmänner» wird «San» heute meist mit «Jäger» übersetzt. Der ethnologisch korrektere Begriff wäre «Wildbeuter», weil dieser die Nahrung sammelnden Frauen miteinbezieht. Sie werden aufgrund ihrer eigentümlichen Sprache zur sogenannten Khoisangruppe gerechnet und sind zweifellos die Ureinwohner des Landes.

Die Menschen sind in der Regel relativ kleinwüchsig und von hellbrauner bis bräunlich-gelber Hautfarbe. Sofern sie noch ursprünglich leben, sind sie einer jungsteinzeitlichen Kultur verhaftet. Sie benutzten früher Werkzeuge aus Knochen, Holz, Hörnern oder Steinen, die sie als Klingen, Schaber oder Kratzer zuschliffen. Erst vor wenigen

Zwischen zwei Kulturen: Eingeborene des Groß-Namalandes vor ihrer traditionellen Behausung, einem Pontok, gekleidet wie die ins Land eingewanderten Europäer (Foto um 1910).

Jahrhunderten gelangten die San, vermutlich durch Kontakte zu einwandernden Bantu-Stämmen, in den Besitz von Eisen, Keramik oder Haustieren. In völligem Einklang mit der Natur, ernährten sie sich von dem, was die Savanne in ihrem Wechsel von Trocken- und Regenzeit zu bieten hatte.

Noch zu Beginn der siebziger Jahre waren die meisten San, die in Namibia mehrheitlich zur Gruppe der !Kung gehören (das «!» wird als gaumenschnalzender Knacklaut gesprochen), noch nicht seßhaft. Männer und Frauen trugen Tierfelle und Ketten mit Perlen aus Straußeneierschalen, gingen mit Giftpfeil und Bogen zur Jagd und sammelten Früchte. Seither hat sich der Wandel ihrer Kultur, der schon mit der Ankunft der Bantu einsetzte, enorm beschleunigt. Durch staatliche Maßnahmen, wie zum Beispiel der Aufteilung des Landes in «Heimatgebiete» oder Ansiedlungsprojekte, haben heute viele San Viehherden, tragen Konfektionskleidung und sind seßhaft geworden. Die Jüngeren erlernen nicht mehr die Fähigkeit zu jagen; die Flexibilität, bei Nahrungsmangel weiterzuziehen, ist verlorengegangen. Noch im Krieg zwischen SWAPO und Südafrika nutzte die südafrikanische Armee die überragende Fähigkeit der San, aus der Natur zu «lesen»: in Capriviland war ein San-Kundschafter-Bataillon stationiert.

Auch die traditionellen Wohnstätten haben sich geändert. Früher errichteten die San lediglich Laubhütten, sogenannte Pontoks oder Windfänge; sie schliefen auf Gräsern, eng nebeneinander, und hielten den Kopf vom Boden fern, um ihn vor Ungeziefer zu schützen; ihr Gruppengefühl war sehr ausgeprägt. Heute dagegen bauen sie runde Lehmhütten im Bantustil oder auch Wellblechhütten, weit voneinander entfernt, und schaffen so eine gewisse Privatheit für die einzelne Familie. Sie verlassen ihre Hütten und Krale nicht mehr während der Regenzeit, um umherzuziehen. Die wirtschaftliche Absicherung für Notzeiten geschah bei den traditionellen San nicht durch Horten und Aufbewahren von Gütern, sondern durch die Weitergabe an andere Familien. Dadurch entstand ein System von gegenseitigen Verpflichtungen, auf das jederzeit zurückgegriffen werden

Links: Ein Herero mit seiner Tochter. Nur Herero-Stämme mit wenig Kontakt zu Weißen konnten ihre Kultur bis heute bewahren (Postkarte um 1910).

Rechts: Ein Postbote. Ohne die oft schwere körperliche Arbeit der Eingeborenen hätte die deutsche Kolonie nicht existieren können. Bis 1915 lebten nur ungefähr 15 000 Weiße in Namibia (Postkarte um 1900).

konnte. Eine einzelne Familie konnte ohnehin kaum eine große Antilope allein verzehren oder sie gegen die Raubtiere der Kalahari – Löwen, Hyänen, Schakale oder Geier – lange verteidigen. Da war es besser, einen Teil des Fleisches zu verschenken. Gab es einmal Streit, so war in den führerlosen Gruppen niemand, der ihn hätte schlichten können. Die Streitenden packten ihre bescheidene Habe und zogen möglichst weit voneinander fort in andere Jagdgründe.

Der mächtige Wildzaun zwischen Namibia und Botswana, der dem Seuchenschutz dienen soll, ist heute nicht der Hauptgrund, warum die San ihr Nomadenleben aufgegeben haben. Er bietet alle paar Kilometer einen Durchschlupf oder Überstieg für die San. Vielmehr werden sie heute oft aus den Gebieten anderer Stämme vertrieben. Oder sie siedeln sich in ihrer scheinbaren Begeisterung für das Neue freiwillig an. In Namibia galten sie lange Zeit als die «Flegel der Nation» und wurden von der Zentralregierung vertreten, weil es keinen obersten San oder San-Sprecher gab.

Hirten, Bauern und Nomaden

Die zweite vergleichsweise alte Bevölkerungsgruppe Namibias sind die Khoi-Khoi, was in ihrer Sprache soviel wie «Menschen» bedeutet. Zusammen mit den San bilden die Khoi-Khoi die Kultur- und Sprachgruppe der Khoisan, deren charakteristisches Kennzeichen die Klick- und Schnalzlaute sind. Lange Zeit haben Wissenschaftler versucht, eine Schriftsprache zu entwickeln, was erst nach einigen vergeblichen Anläufen gelungen ist.

Die Khoi-Khoi, früher verächtlich «Hottentotten» («Stotterer») genannt, waren im südlichen Afrika bereits im 1. Jahrhundert n. Chr. Viehzüchter. Vorzugsweise hielten sie Schafe und Ziegen. Es wird angenommen, daß sie zugleich auch Jäger und Sammler waren. Metalle kannten sie noch nicht. Außerdem stellten sie die frühesten Zeugnisse namibischer Keramik her. Artefakte der Khoi wurden bisher in der Apollo-11-Höhle, der

Oben: Eingeborene stellen sich zum Tanz auf (Foto um 1912).

Unten links: Eine Herero-Frau in traditioneller Kleidung (historisches Foto).

Mitte: Zwei Khoi-Khoi – Großvater und Enkel – vor ihrer Hütte (Foto von 1896).

Unten rechts: Ein San kocht Gift ein. Es wurde verwendet für die Giftpfeile, mit denen das Wild erlegt wurde (historisches Foto).

Eine Gruppe von Herero-Frauen auf einem Foto von 1912. Teile dieses Bantustammes siedelten sich im abgeschiedenen Kaokoveld an, wo sie auch heute noch verhältnismäßig traditionell leben (siehe auch Seite 38 bis 45 und 149).

Mirabib-Balm und bei Eros auf dem zentralen Hochland gefunden. Als ihre Nachfahren gelten die ab 1830 nach Süd-Namibia eingewanderten Oorlam und die heute etwa siebzigtausend zählenden Nama, die überwiegend im Namaland zwischen Mariental und Karasburg zu Hause sind. Die Oorlam mit ihren Stämmen Bethaniern, Afrikanern, Bersebanern, Witboois und Gobabis sind in den Nama aufgegangen. Bis zur Mitte des Jahrhunderts galt bei den Nama-Frauen der sogenannte «Fettsteiß», eine Fettansammlung auf den Gesäßbacken, als Schönheitsideal, doch auch diese Tradition ist den modischen Einflüssen westlicher Kultur zum Opfer gefallen.

Von den Damara sagt man, sie wären ursprünglich wie die San Wildbeuter gewesen, dann jedoch von den Nama versklavt worden. Sie sprechen heute Nama, unterscheiden sich aber äußerlich. Seit Ende des letzten Jahrhunderts leben sie überwiegend im Damaraland, der östlichen Felsen-Namib, wo sie extensiven Ackerbau betreiben. Die Heikum des Etoshalandes werden als Mischvolk zwischen San und Damara betrachtet.

Im ausgehenden 15. und 16. Jahrhundert drangen die ersten Bantu-Völker im Rahmen der großen afrikanischen Bantu-Wanderungen von Nordosten in die feuchteren Regionen Namibias vor und verdrängten die körperlich und materiell unterlegenen San in die trockenen Savannen- und Steppengebiete der Kalahari und der Namib. Als kulturelle Errungenschaften brachten sie aus Ost- und Zentralafrika die Keramik, das Eisen und Kupfer sowie Zuchtvieh und Kulturpflanzen mit. Wohl schon früh kam es zu Konflikten zwischen den Hirtenvölkern und den Ackerbaukulturen, vor allem durch die Konkurrenz ums Wasser. Insbesondere die Herero drangen mit ihren Rinderherden immer weiter nach Süden vor und stießen dabei auf die ebenfalls halbnomadischen Khoi-Nama, mit denen sie bis weit ins 19. Jahrhundert hinein blutige Kriege führten.

Teile der Herero, die Ovahimba und Ovatjimba, siedelten sich im abgeschiedenen Kaokoveld an und leben dort verhältnismäßig traditionell bis heute. Berühmt sind sie wegen ihres malerischen Körperschmuckes und der kunstvollen Frisuren. Ihr karges Land

Dienstpersonal auf Schloß Duwisib, das Baron Hansheinrich von Wolf am Rand der Namib-Wüste errichten ließ (Foto um 1910).

Die jungen Frauen des Bildes gehören zur Volksgruppe der Rehobother Baster, die die Kapprovinz 1868 verließen und sich um die verlassene Missionsstation Rehoboth ansiedelten. Baster gingen hervor aus Ehen zwischen Weißen und KhoiKhoi (Foto um 1900).

Eine Herero-Frau im Sonntagsstaat. Bodenlange Gewänder dieser Art tragen die Herero-Frauen heute noch. Sie übernahmen sie von den weißen Siedlerfrauen (Foto von 1930; siehe auch Seite 22).

bietet allerdings nur kleinen Rinderherden ausreichend Nahrung. Die großen Herero-stämme wanderten dagegen immer weiter nach Süden und ließen sich in den fetteren Weidegebieten des zentralen Hochlandes, etwa am Waterberg, nieder. Okahandja, Otjimbingue, Omaruru und Okakarara sind typische Herero-Ortsnamen. Noch weiter ins Nama-Interessengebiet wanderten die Mbanderu-Herero. Sie ließen sich schließlich bei Gobabis nieder. Beeinflußt durch die frühen Missionare, die Nacktheit gemäß ihrer kirchlichen Dogmen «verabscheuenswert» fanden, tragen die Frauen der Herero seit etwa 1870 viktorianische Tracht mit bodenlangen Kleidern und mächtigen Stoffhauben. Diese Tracht wurde farbenprächtig weiterentwickelt, und die Frauen sind heute Blickfang auf allen Märkten. Die Ovahimba dagegen haben ihre ursprüngliche Kleidung beibehalten, die nur einen Teil des nackten Körpers bedeckt.

Anders als die Herero sind die etwa gleichzeitig eingewanderten Ovambo seit jeher Ackerbauern. Sie haben sich im fruchtbaren Land beiderseits des Kunene angesiedelt und betreiben einen Regenfeldbau mit der traditionellen Anbaufrucht Hirse und den später eingeführten Getreiden Mais, Gerste und Weizen. Die über sechshunderttausend Ovambo stellen mehr als die Hälfte der namibischen Bevölkerung. Sie setzen sich aus acht Stämmen mit unterschiedlichen Dialekten zusammen, von denen Kwanyama der häufigste ist. Mit dem Lohnkapital der vielen Ovambo-Wanderarbeiter in den Minen und Industriebetrieben Namibias und Südafrikas kam ein bescheidener Wohlstand in das von den Kolonialmächten vernachlässigte Land. Heute zeugen Tausende von kleinen Krämerläden, Holzschnitzer-, Töpfer-, Korbflechter- und anderen Handwerksbetrieben von emsiger Geschäftstüchtigkeit. Auch Namibias Präsident, Sam Nujoma, ist Ovambo – vor seiner Zeit als SWAPO-Funktionär arbeitete er in Eisenbahnmeistereien des Kaplandes.

Östlich von Ovamboland liegt das Siedlungsgebiet der über hunderttausend Kavango, die mit ihren Nachbarn eng verwandt sind und ebenfalls Ackerbau mit ergänzender Viehzucht betreiben. Sie trafen jedoch erst zwischen 1750 und 1800 in ihrem heutigen Heimatgebiet ein. Viele Kavango leben auch vom Fischfang im reichen Okavango-Fluß. Im Gegensatz zu den Ovambo haben sie die matrilineare Erbfolge beibehalten, das heißt, die Stammesherrschaft wird an die Männer der weiblichen Linie weitergegeben: der Ehemann der Tochter wird Häuptling.

Zahlenmäßig geringe Bantugruppen sind die Caprivianer und die Tswana, deren größter Teil im benachbarten Botswana lebt. Die meisten von ihnen sind Subsistenzbauern, die nur für den eigenen Broterwerb und den gelegentlichen Verkauf in lokalen Märkten anbauen. Die Caprivianer stellen eine Mischbevölkerung aus sechs verschiedenen Stämmen völlig unterschiedlicher Herkunft dar. Ihr Name leitet sich von ihrem Stammesgebiet im Caprivi-Streifen ab, der 1890 nach dem damaligen deutschen Reichskanzler von Caprivi benannt wurde.

Die Zeit der weißen Pioniere

Als erster Weißer, der Namibia auf dem Landweg betrat und hier einige Zeit lebte, gilt der holländische Elefantenjäger Jacobus Coetsé, der um 1760 den Oranje überschritt. Ihm folgten zunächst vor allem weiße Jäger, dann Händler und Missionare. Die erste Missionsstation der Rheinischen Mission entstand um 1805 bei Warmbad. Die deutschen Missionare waren es auch, die ihre Missionstätigkeit durch die langen blutigen Nama-Herero-Kriege des 19. Jahrhunderts gestört sahen und darauf drängten, daß das deutsche Reich ihre Interessen schützte. Doch unter Bismarck fanden ihre Gesuche kein Gehör. Erst als es gelang, Kaiser Wilhelm II. persönlich für ihre Interessen zu gewinnen und die deutsche Politik durch die großen Landkäufe des Bremer Kaufmanns Adolf Lüderitz in Zugzwang geriet, wurden 1884 Teile Namibias unter deutschen Schutz gestellt. In den folgenden Jahren siedelten sich rasch deutschstämmige Farmer entlang der uralten Handelsstraße durch die Namib und auf dem klimatisch günstigen zentralen Hochland an. Doch bereits 1915 mußten sich die deutschen Schutztruppen südafrikanischen

Fortsetzung Seite 53

Die Fingerklippe im Ugab-Tal. Jahrtausendelange Erosion hat diese «Skulptur» geformt.

Nächste Doppelseite: Ein Ovahimba-Dorf bei Opuwo, Kaokoveld. Die Ovahimba gehören zum Volk der Herero. Sie kamen erst vor dreihundert Jahren nach Namibia. Mit ihren Rinderherden wanderten sie aus den Savannen Ost- und Zentralafrikas ein.

In einem Ovahimba-Dorf bei Opuwo, Kaokoveld. Die Ovahimba sind bekannt für ihren wunderschönen Schmuck aus Eisen und Kupfer und ihre Lederarbeiten. – Um das Austrocknen der Haut zu vermeiden, reiben die Ovahimba den gesamten Körper mit einem mit Kräutern angereicherten Fett ein, das der Haut den ockerfarbenen Glanz verleiht.

Die Frauen der Ovahimba flechten ihre Haare zu kunstvollen Frisuren. Links eine unverheiratete Frau, rechts eine verheiratete Frau, zu erkennen an der kleinen Krone aus Kalbsleder.

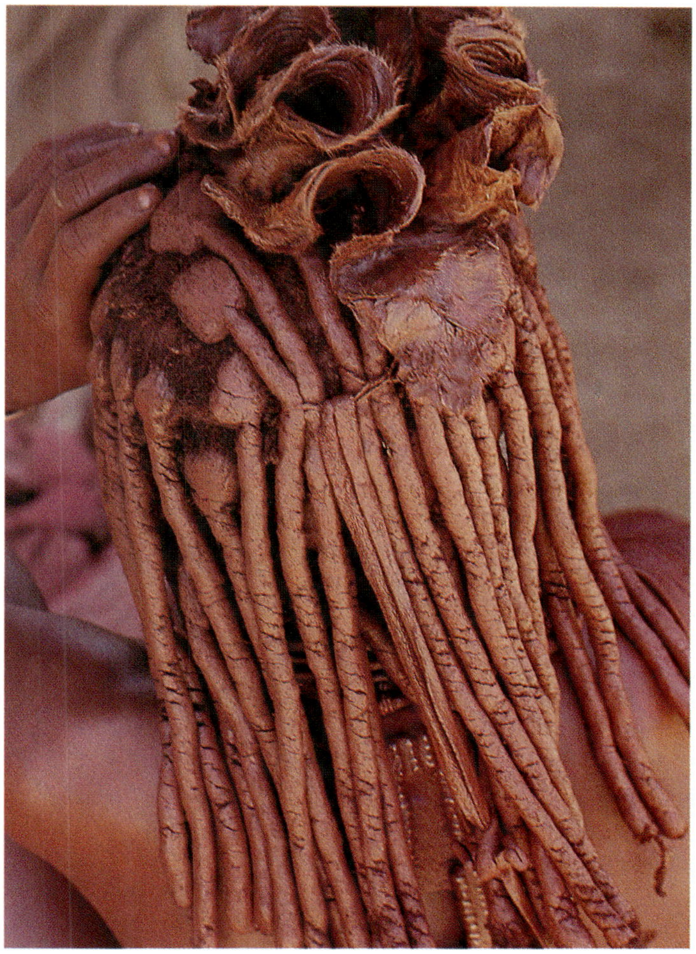

Ovahimba-Frauen tragen ihre Kinder in einer Art Ledertragetasche auf dem Bauch oder auf dem Rücken.

Nächste Doppelseite: Frauen eines Ovahimba-Dorfes bei Opuwo. Sie tragen den Plastikeimer der westlichen Zivilisation genauso selbstverständlich wie die traditionellen Bastkörbe.

Die im unwegsamen, von Europäern kaum besiedelten Kaokoveld lebenden Ovahimba konnten sich ihre ursprüngliche Kultur besser als andere Bevölkerungsgruppen Namibias erhalten ...

... noch heute vermitteln ihre Kleidung, ihr Gemeinschaftsleben und ihre Arbeitsweise ein Bild von der ursprünglichen Lebensform der Herero.

Nächste Doppelseite: Felszeichnungen auf der ehemaligen Farm Twyfelfontein. Eingeritzte Giraffen, Antilopen, Löwen bevölkern die Felsen. Ihre Bedeutung ist rätselhaft, da wenig über ihr Alter und ihre Schöpfer bekannt ist. Vermutlich stammen sie von San- oder Damara-Jägern, die an den dortigen Wasserstellen dem Wild auflauerten.

Der Flaschenbaum gehört zu den typischen Pflanzen des steinigen Damaralandes. Dürrezeiten überbrückt er durch seine Fähigkeit, Wasser im Stamm zu speichern. Nachttau und Nebel spenden ihm zusätzlich Feuchtigkeit.

Nicht zu enträtselnde Botschaften aus der Frühgeschichte: Vielleicht sind die Zeichnungen auf den Felsen von Twyfelfontein magische Zeichen, die Jagdglück bringen sollten. Vielleicht haben sie eine ganz andere Bedeutung …

Auf dem Weg in die Wüste: Auf Schotterstraßen führen mehrere Routen in die nördliche Namib. Einer der Kontrollpunkte der Naturschutzbehörde, die Reisende passieren müssen, ist hier bei Springbokwater im Skelettküstenpark.

Nächste Doppelseite: Im Caprivi-Streifen. Das sonst so rare Wasser ist hier ein beherrschendes Element. Breite Ströme wie der Sambesi oder Okavango führen das ganze Jahr über Wasser.

Auf den Schotterpisten im Damaraland trifft man oft tagelang keine Menschenseele.

Armeeverbänden geschlagen geben. Die Besetzung des Landes durch Südafrika wurde 1920 durch den Völkerbund akzeptiert. Zahlreiche deutsche Farmer verkauften nun an Buren und Engländer aus Südafrika. Die Buren stellen heute die größte Gruppe unter den rund achtzigtausend Weißen. Bereits um 1870 hatten Trekburen bei Grootfontein eine autonome Republik gegründet. Ihre Sprache, das Afrikaans, ist heute wichtigste Umgangssprache. Heute gibt es noch etwa zwanzigtausend Deutschstämmige, zumeist Großfarmer und Händler, in Namibia.

Eine bedeutende Rolle nehmen auch die Mischvölker der sogenannten «Farbigen» in der namibischen Kulturgeschichte ein. Vor allem die Rehobother Baster bilden eine homogene Gruppe. Sie sind Nachkommen von Oorlam-Frauen und weißen Viehzüchtern des Kaplandes. Schon 1868 überquerten einige Familien den Oranje und ließen sich unter Führung ihres «Kapteins« Hermanus von Wyk um Rehoboth herum nieder. Dort haben sie ein eigenes, staatsähnliches Gebilde geschaffen, das vom Basterrat verwaltet wird. Traditionell sind sie Viehhalter und sehr bodenständig. Die Sprache der Baster ist Afrikaans, die Sprache ihrer burischen Väter.

Die Botschaft der Felsen

«Ein Juwel aus Stein» wird derjenige über Namibia sagen, der sich mit der kulturellen Hinterlassenschaft seiner Ureinwohner beschäftigt. Das südliche Afrika ist der reichste Hort steinzeitlicher Felskunst auf der Welt. Die Darstellungen sind nicht nur Kunstwerke, deren ästhetische Kühnheit uns tief beeindruckt, sie erzählen auch unglaublich eindrucksvoll aus dem Leben derjenigen, die sie schufen. Sie sind Dokumente der Geschichte und der Kultur ihrer Schöpfer.

Die ersten Felsmalereien wurden bereit um 1870 entdeckt, und seitdem kommen durch oft zufällige Funde immer neue hinzu. Sie treten vor allem am Abbruch der namibischen Randstufe zur Wüste hin auf sowie auf dem Hochland. Über ihr Alter kann man meist nur spekulieren – eine genaue Analyse würde oft zugleich die Zerstörung der Malerei bedeuten. Die ältesten bemalten Steinfragmente in der Apollo-11-Höhle wurden mit naturwissenschaftlichen Methoden auf 25 000 v. Chr. datiert. Sie wären damit die ältesten Kunstwerke Afrikas überhaupt und doppelt so alt wie die berühmten Malereien von Lascaux in Frankreich. Bei vielen anderen wird wohl nie eine genaue Altersangabe möglich sein. Sie sind nur anhand von Stilmerkmalen und überlappenden Farbschichten bestimmten Zeiträumen zuzuordnen.

Ähnlich ist es bei den Gravuren auf der Farm Twyfelfontein, die als Hauptfundort von Darstellungen in dieser Technik gilt. Sowohl die handwerkliche Vollkommenheit als auch der künstlerische Ausdruck sind einzigartig. Alle Gravuren auf dem ehemaligen Farmgelände gehören wohl zu einem heiligen Hain der San-Vorfahren; dieser Vermutung verdankt auch eine Fundstelle den Namen «Zeremonienplatz». Möglicherweise stehen die Symbole, Tier- und Fährtendarstellungen in Verbindung mit Initiationsriten, bei denen der Jugendliche in den Kreis der Erwachsenen aufgenommen wird. Diese Ansammlung von Zeichnungen könnte durchaus pädagogischen Charakter gehabt haben. Vielleicht sind hier in dieser «Felsenschule» die jungen San von alten, weisen Familienmitgliedern durch die Sprache der Bilder in die Geheimnisse des Lebens im Busch eingewiesen worden.

Die eingemeißelten Felsbilder kann man in zwei Gruppen einteilen: Abstrakte Symbole wechseln sich ab mit konkreten Tierbildern, die manchmal proportions- und detailgetreu, manchmal auf wesentliche Merkmale beschränkt sind. Die durch Erosion herabgestürzten Felsplatten sind geradezu übersät von unzähligen, sich zum Teil überlagernden Einzelbildern mit einer stärkeren oder schwächeren Patina. Die vermutlich ältesten, weil am stärksten erodierten Symbolzeichen sind sicher über fünftausend Jahre alt. Diese Symbole bestehen im wesentlichen aus merkwürdigen Kreisen mit Punkten in der Mitte, vielleicht Zeichen für Wasserlöcher, die Sonne oder den Mond.

Während des Herero-Aufstandes 1904: Herero greifen die deutsche Schutztruppe an. Die deutschen Truppen waren jedoch weit besser ausgerüstet. Acht Monate nach Ausbruch der Kämpfe waren die Herero-Krieger aufgerieben (zeitgenössische Lithographie).

Wichtigster Ort in Namibia für Felsmalereien ist der Brandberg. Allein 25 bedeutende Fundstellen befinden sich in der Tsiab-Schlucht an der Ostflanke des Massivs, darunter auch die berühmteste Figur aller namibischen Felszeichnungen, die «Weiße Dame». Sie gab der Fachwelt bislang ungelöste Rätsel auf und allein die Geschlechtsbestimmung lieferte aufgrund der androgynen Darstellung Stoff zu schier endlosen Diskussionen. Inzwischen konnte man sich zumindest darauf einigen, daß es sich bei der Figur – trotz ihrer femininen Benennung – wohl eher um einen Mann handelt. Ebenso ambivalent ist die Farbgebung: die untere Körperhälfte vom Bauch bis zu den Zehen ist weiß ausgemalt, der Oberkörper dunkel. Die geheimnisumwobene «White Lady» trägt ferner mediterran wirkende, auf jeden Fall keine einheimischen Züge – ein Fremder bei den San? In der linken Hand trägt die «White Lady» einen Bogen, in der rechten ein kelchartiges Gefäß, eine Blume oder Fackel. Die gedrehte Körperhaltung erinnert leicht an altägyptische Darstellungen. Eine chemische Farbanalyse ergab ein Alter von etwa 1200 bis 1800 Jahren. Besonders realistisch und sehr farbgetreu sind die meisten Tier- und Jagddarstellungen des Brandberges. Sogar einzelne Antilopenarten können genau unterschieden werden. An vielen anderen Kultstätten, wie zum Beispiel dem «Singenden Fels» auf dem Gelände der Farm Rooipunt bei Aus, den der Wind in Schwingungen versetzt, befinden sich weitere Symboldarstellungen, die von der tiefen Achtung vor der «Stimme der Götter» zeugen. Ebenfalls außergewöhnliche Malereien enthalten die Höhlen und steinzeitlichen Felswohnstätten am Erongo-Vulkan. Die Phillips-Groote auf der Farm Ameib ist für ihren weißen Elefanten berühmt, die Etemba-Höhle bei Omaruru für die große weiße Giraffe. Auch an den Felswänden der Spitzkoppe wie zahlreicher anderer Inselgebirge finden sich großartige Bilder aus Namibias geheimnisvoller Zeit.

Oben links: Otjimbingue war 1885 bis 1891 Sitz der Kolonialverwaltung Deutsch-Südwest-Afrikas (Postkarte um 1900). Oben rechts: Eröffnungsfeier der Bahnstrecke Swakopmund–Karibib am 1. Juli 1900 (Postkarte). Unten links: Ein Netz von Telegraphenstationen verband die Einheiten der deutschen Schutztruppe (Postkarte von 1908). Unten rechts: Wohnhaus des Direktors der Otavi-Mine in Tsumeb (Postkarte um 1900).

Angst vor Afrika

In den Jahren 1882 bis 1884 erwarb der deutsche Kaufmann Adolf Lüderitz mehrere Landstreifen an der südlichen Namibküste vom Namahäuptling Josef Frederik. Lüderitz gründete eine Handelsfaktorei und erreichte 1884 kaiserlichen Schutz über seinen Besitz. Spätestens mit dieser kolonialen Besiedlung weiter Landesteile, der Einzäunung und Befriedung des Farmlandes, war die traditionelle Kultur der Ureinwohner dem Untergang geweiht. Sie hatten zwar schon tiefgreifende kulturelle Wandlungen erlebt – so war die Steinzeit mit Einführung des Eisens durch die Bantu um 1600 zu Ende gegangen. Doch nie zuvor waren ihre Lebens- und Kultformen so existentiell bedroht worden.

Besonders in der kolonialen Architektur wird auf den ersten Blick deutlich, wie sehr die Europäer die Geschichte Namibias veränderten. Prachtvolle Villen in Swakopmund, Windhoek, Lüderitz, im Stil des Neubarock und Historismus, mit aufgesetztem Fachwerk oder Jugendstilelementen, dokumentieren eine eigenartige Mischung aus Abwehr und Anpassung. Sich wehrhaft gebende Türme, Erker und Scharten lassen das Bedürfnis nach Schutz vor der lebensfeindlichen Natur der Tropen erkennen. An vielen Gebäuden ist die regionale Herkunft des Bauherrn problemlos abzulesen. Großzügige Veranden dagegen imitieren die Bauweise heißer Länder und signalisieren kosmopolitische Offenheit. Repräsentation kolonialer Macht und kaufmännischen Reichtums, Ignoranz gegenüber afrikanischer Kultur, ängstliches Festhalten an der deutschen Heimat und zaghafte Anpassungsversuche – all dies offenbart die Kolonialarchitektur. An manchen Orten Namibias ist der Geist des Wilhelminischen Zeitalters so unmittelbar zu spüren, wie es im modernen Deutschland selbst schon lange nicht mehr möglich ist.

Der kühle Benguela-Strom ist außerordentlich fischreich. Hier versuchen Hochseeangler ihr Glück beim Kreuzkap (Cape Cross).

Der Dampftraktor «Martin Luther» bei Swakopmund. Er soll eines Tages einfach stehengeblieben sein, jede Bemühung war fruchtlos. So gab man ihm den Namen Luthers, der 1521 vor dem Reichstag gesagt hatte: «Hier stehe ich und kann nicht anders.»

Seit fast einhundert Jahren werden in Namibia Diamanten abgebaut. Meist wie hier in der Diamantenmine Elisabeth-Bucht im Tagebau.

Burgähnliche Festungen mit mittelalterlichen Zinnen, dicken Mauern, Wehrtürmen und Schießscharten dienten als Bollwerke der Kolonialmacht gegen Aufstände der afrikanischen Bevölkerung. Die Feste Windhoek und Fort Namutoni sind zwei guterhaltene Beispiele für diese Militärarchitektur.

Die einheimische Bevölkerung verdankt den Bauweisen der Kolonialzeit nur ein neues Material: das Wellblech, das die wohnklimatisch wesentlich günstigeren Laubschirme der San, die Mattenpontoks der Nama und Herero sowie die Lehmhütten der Kavango und Tswana verdrängt hat. Nur die Ovambo wohnen noch zum Teil in ihren traditionellen Palisadenhäusern, die zumindest von außen westlichen Wohngebäuden ähneln. Im Inneren verbindet ein verwirrendes Labyrinth von Gängen die Wohnräume der Familienmitglieder. Aber auch hier wird die traditionelle Kultur zunehmend überformt und verdrängt von westlichen Einflüssen.

Hoffnung für die Armen?

Drei Schlüsselbereiche prägen die namibische Wirtschaft heute: Landwirtschaft, Bergbau und Fischfang. Bis zu zwei Dritteln der Bevölkerung leben direkt oder indirekt von Landwirtschaft und Fischerei. Einem rationalisierten, technisierten, wenig arbeitsintensiven und damit gewinnträchtigen Bereich steht ein traditioneller, veralteten Methoden verhafteteter Sektor gegenüber. Die Landwirtschaft der Großfarmen führt nur zum relativen Wohlstand einiger weniger Weißer. Die afrikanischen Kleinbauern, beispielsweise des Ovambolandes, betreiben Ackerbau und Viehzucht überwiegend zur Selbstversorgung; lediglich die Überschüsse können verkauft werden. Bei der Viehhaltung überwiegt im Norden die Rinderzucht, im trockeneren Süden die Schaf- und Ziegenhaltung. Devisenbringer sind vor allem Rindfleisch, Schafwolle und die begehrten Swakara-Persianerfelle neugeborener Karakulschafe.

Die Fischindustrie Namibias leidet seit einem Jahrzehnt darunter, daß Schiffe aus Südafrika, den GUS-Staaten, Polen und Spanien die Gewässer vor der Küste überfischen. Aus diesem Grund bringt der Verkauf der Fischfangkonzessionen für die namibische 200-Meilen-Zone zunehmend weniger ein. Da Namibia über keine eigene Fischfangflotte verfügt, stellt die Vergabe der Konzessionen jedoch eine wichtige Einnahmequelle dar. Auch mußten fischverarbeitende Betriebe in Walvis Bay bereits schließen. In Walvis Bay werden vor allem Fischmehl und Weißfisch-Konserven hergestellt. In Lüderitz werden Langusten zu Tiefkühlprodukten verarbeitet, die nach Japan und in die USA gehen.

Etwa siebzig Prozent des Exporterlöses und damit ein Viertel der Staatseinnahmen kommen aus dem Bergbau (Diamanten, Kupfer, Blei und Uran). Doch die Abhängigkeit von Nachfrage und Weltmarktpreisen stellt eine Gefahr für die wirtschaftliche Entwicklung Namibias dar. Seit der Okkupation Namibias durch Südafrika 1919 besteht eine enge ökonomische Verflechtung beider Länder, die sich vor allem im Rohstoffbereich, aber auch bei der Energieversorgung nachteilig für den jungen Staat auswirkt. Die Minengesellschaft Consolidated Diamond Mines (CDM) gehört zum weltmarktbeherrschenden südafrikanischen De-Beers-Konzern, der die Gewinne abschöpft und allein entscheidet, wo er im namibischen Bergbau investieren will. Eine Verstaatlichung der Minen wäre jedoch ein riskantes Gegenmittel, da dies die Abkopplung vom Weltmarkt bedeuten könnte – so außergewöhnlich hoch die Ausbeute an Schmuckdiamanten in den Minen der südlichen Namib auch ist.

Der Uran-Tagebau bei Rössing gehört zu den bedeutendsten der Welt. Es werden jährlich etwa sechzig Millionen Tonnen Erz verarbeitet und dabei etwa fünftausend Tonnen konzentriertes Uranoxid produziert. Das dritte große Bergbauunternehmen ist die Tsumeb-Corporation, die jedoch wegen der begrenzten Vorkommen in Tsumeb den Erzabbau zunehmend auf die Mine bei Grootfontein konzentrieren muß, während die Verhüttungsanlage in Tsumeb steht. Ein weiteres Bergwerk, in dem Zink, Blei und Silber gewonnen werden, befindet sich im abgelegenen Rosh Pinah im äußersten Süden des Landes.

An Industrie ist vor allem die Nahrungs- und Genußmittelindustrie zu nennen. Milchprodukte, Schokolade, Bier und Wilderzeugnisse werden in erster Linie nach Südafrika und in andere Nachbarländer exportiert. Daneben gibt es eine kleine Zulieferindustrie für den Bergbau und Produktionsstätten für Versorgungsgüter des täglichen Bedarfs.

Die Arbeitslosenquote ist aufgrund der Rückkehr der Exilanten und Flüchtlinge seit der Unabhängigkeit Namibias bedrückend hoch. Ein großer Teil findet als Gelegenheitsarbeiter, Kleinhändler oder Straßenhandwerker Zuflucht in der immer größer werdenden Schattenwirtschaft. Sie bietet zwar Arbeit und Brot, da dem Staat jedoch damit Steuereinnahmen entgehen, fehlt es an Staatskapital für dringend notwendige öffentliche Investitionen. So verschärft sich der Gegensatz von Arm und Reich in Namibia eher, als daß er abgebaut werden könnte.

Namibias Weg zum Frieden

Mehr als ein Jahrhundert war Namibia Kolonie: zuerst der Deutschen (1884 bis 1915), dann Südafrikas (1915 bis 1990). 1920 hatte Südafrika sich die Besetzung des Landes vom Völkerbund legitimieren lassen und ein Mandat für Namibia angenommen. Nach dem Zweiten Weltkrieg änderte sich die Einstellung der UNO, der Nachfolgeorganisation des Völkerbundes, zur Kolonialpolitik: 1966 erklärte die UNO-Vollversammlung das Mandat Südafrikas über «Südwest» für erloschen und unterstellte sich das Treuhandgebiet für eine Übergangszeit selbst. Namibia sollte zur Unabhängigkeit geführt werden, und die südafrikanischen Truppen wurden aufgefordert, das Land zu verlassen. Als «einziger legitimer Vertreter des namibischen Volkes» wurde von der UNO die South West African People's Organization (SWAPO) anerkannt. Sie war 1960 aus dem von Ovambo-Arbeitern in Kapstadt gegründeten Ovamboland People's Congress (OPC) hervorgegangen

Der Naute-Damm bei Keetmanshoop. Mit Staudämmen wird in Namibia versucht, die Wasserversorgung zu verbessern.

und verstand sich zunächst als Anti-Apartheid-Partei. Das südafrikanische Regime dagegen sah seine «fünfte Provinz», insbesondere nach den blutigen Unabhängigkeits- und Bürgerkriegen in Angola, Moçambique und Zimbabwe, als «Bollwerk gegen den Kommunismus» auf dem afrikanischen Kontinent. Nach dem Scheitern des ersten Versuchs im Jahre 1976, die Resolution der UNO durchzusetzen, verstärkte die SWAPO den bewaffneten Kampf. Es kam zu einem Guerrillakrieg, der von den SWAPO-Kampfgruppen, der People's Liberation Army of Namibia (PLAN), vor allem von Stellungen im benachbarten Angola aus gegen die südafrikanischen Kasernen in Nord-Namibia geführt wurde. Farmer legten zum Schutz vor Überfällen regelrechte Todesstreifen um ihre Besitzungen an und engagierten Söldner. Ungeachtet aller internationalen Proteste stellte Südafrika der Unabhängigkeit Namibias beharrlich immer neue Probleme in den Weg. Die Vereinten Nationen legten mit der Resolution 435 von 1978 einen detaillierten Plan für die Übergangszeit bis zur staatlichen Eigenständigkeit vor, welcher unter anderem «freie und faire Wahlen» unter UN-Aufsicht und die Einsetzung eines Sonderkommissars für die

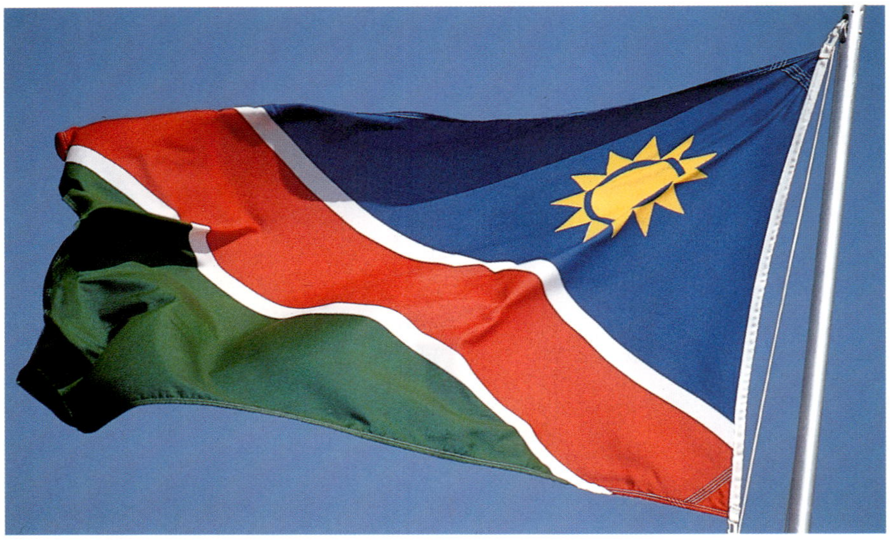

Übergangszeit vorsah. Dem Bevollmächtigten sollte eine Einheit der UN-Hilfstruppen zur Verfügung stehen. Die SWAPO wurde angehalten, als demokratische Partei an den Wahlen teilzunehmen. Die einzige positive Reaktion Südafrikas war jedoch nur die Aufhebung der Apartheid ein Jahr später, 1979. Südafrika gelang es, den UN-Plan durch die Forderung nach dem vorherigen vollständigen Abzug der kubanischen Soldaten, die das Regime in Angola unterstützten und enge Kontakte zur SWAPO unterhielten, zu stoppen. So wurde der Angola-Konflikt mit dem Namibia-Konflikt verflochten. Erst 1988, als Kuba im Angola-Konflikt einzulenken begann und sich bereiterklärte, seine dort stationierten Truppen abzuziehen, gab auch die Regierung in Pretoria dem internationalen Druck nach und stimmte nach immer neuen Auflagen dem Zeitplan für die Unabhängigkeit Namibias zu. Trotzdem dauerte das Blutvergießen bis April 1989.

Die letzte Etappe auf dem langen Weg in die Souveränität waren die Wahlen zur Verfassunggebenden Versammlung im November 1989, aus denen die SWAPO als Sieger hervorging. Sie verfehlte jedoch die für eine alleinige Ausarbeitung der Verfassung notwendige Zweidrittelmehrheit, so daß auch die rechtsliberale DTA (Demokratische Turnhallen-Allianz) zum Zuge kam.

Am 21. März 1990 wurde Namibia ein unabhängiger Staat mit demokratischer Verfassung, die es sich zum Ziel gesetzt hat, die verschiedenen Volksgruppen der jungen Nation zu einen. Namibias politische Zukunft wird stark davon abhängen, ob es gelingt, die im eigenen Land aufeinandertreffenden Gegensätze zwischen Erster und Dritter Welt auszugleichen. Die Zeichen stehen nicht schlecht, daß es im südlichen Afrika zum Musterland für ein menschliches Zusammenleben werden könnte.

Oben links: Die Nationalflagge des unabhängigen Namibia.
Unten links: Im Schwarzenviertel Katutura in Windhoek. Katutura war die Hochburg der SWAPO. Die meisten Einwohner hier hofften, daß der SWAPO-Führer Sam Nujoma die staatliche Unabhängigkeit erkämpfen würde.
Rechts: Hauswand in Katutura, Windhoek. Mit dem Slogan «Alle Macht dem Volk» warb die SWAPO für den Kampf gegen die südafrikanische Besatzungsarmee.

Das Land der Diamanten

Namibia in Berichten und Erzählungen

Ein Buschmann erzählt

Mein Name ist Xkou-goa-Xob (‹Mitgeladen und mitgestorben›). Diesen Namen gaben mir meine Eltern zur Erinnerung an den Großvater. Er war kurz vor meiner Geburt von einigen befreundeten Männern seiner Sippe eingeladen worden, mit ihnen zu einer Jagd ins Ovamboland zu gehen. Er schloß sich ihnen an, aber niemand von ihnen ist zurückgekehrt. [...] Mein Vater war über den Tod seines Vaters sehr unglücklich und heiterte sich auch bei meiner Geburt nicht auf, so erhielt ich meinen Namen.

Wir Buschleute des nördlichen Südwestafrika gehören zu dem Stamm der Hei-rom (‹Buschschläfer›), denn unser Leben und Treiben wickelt sich in den dichten Wäldern und Büschen ab. So wurde auch ich im Busch in Ckui-Xkoub, zwischen dem heutigen Nagusib und der Etoschapfanne geboren, wo meine Eltern mit anderen Gliedern der Sippe während der Regenzeit Holunderbeeren suchten; denn diese wachsen hier in Mengen und sind besonders schmackhaft. [...]

Da wir Buschleute im Lauf eines Jahres fünfmal oder noch häufiger unsern Wohnplatz ändern müssen, um nicht zu verhungern oder zu verdursten, hatten wir nie ein richtiges Haus. Eine Buschmannbehausung muß in einem halben Tage oder wenigstens in einem Tage errichtet sein. Wollte man länger daran arbeiten, so müßte der Magen darunter leiden. Als ich größer wurde, habe ich oft beim Bauen der Hütte geholfen. Wir schlugen blätterreiche Äste ab, bogen sie oben um und steckten sie dann in Kreisform in den Boden. Die Äste banden wir mit Bast zusammen. Solch eine Hütte sieht aus wie ein aufgespannter Regenschirm. War trockenes Gras in der Nähe, so verstopften wir damit die Lücken zwischen den Ästen. In der Mitte der Hütte glüht unter der Asche das Feuer; es darf nie ausgehen, beim Umzug wird es mitgenommen und in der neuen Hütte wieder angefacht.

Ein Buschmannkind darf nicht das Leben der Eltern stören. Das Neugeborene wird mit Wasser abgewaschen, und das ist das einzige Mal, daß es wirklich gewaschen wird. Meist ist kein Wasser zum Waschen da, aber von Zeit zu Zeit reibt man den Körper ein mit einer fettartigen Masse aus gequetschten Wurzeln und Früchten, so bleibt die Haut glatt und weich. Wenn das Kind einige Tage alt ist, packt die Mutter es in das Fell eines Steinbockes, bindet das Fell quer über den Körper, so daß der Kopf des Kindes nahe an der Mutterbrust ruht und der Mund leicht die Brust erreichen kann, und geht so auf die Nahrungssuche. [...]

Als ich laufen konnte, nahm die Mutter mich mit auf die Kostsuche, und sie lehrte mich, die giftigen Knollen und Früchte von den eßbaren zu unterscheiden. Am liebsten aß ich die sauren Früchte vom Xarinbaum, weil sie den Durst löschen, und die Holunderbeeren oder Buschmanndatteln, weil sie so süß und nahrhaft sind. Aber auch Zwiebeln liebte ich und Buschmannkartoffeln, die man im Feuer braten muß. Salz holten die Männer aus der Etoschapfanne. [...]

Wir wurden von unseren Eltern nicht geschlagen; wenn wir heute unsere Kinder schlagen, so haben wir das von den Weißen gelernt, die sogar erwachsene Buschleute prügeln. Wenn wir keine Lust hatten, mit auf die Kostsuche zu gehen, drückten wir uns beiseite, fingen Vögel und brieten sie. Die Vogelfallen stellten wir an Wasserstellen auf. Wir suchten einen dünnen Stock, der oben eine Gabel hatte, legten auf die Gabel ein anderes Stöckchen und steckten den Stock in den Boden. Auf das dünne Stöckchen

Der Otjikoto-See in der Nähe der Etosha-Pfanne. Heute versorgt sein Wasser die Farmen der Gegend, auf denen Obst und Gemüse angebaut wird, und die Zisternen der Bergbaustadt Tsumeb (Postkarte um 1910).

legten wir einen flachen Stein, der bei der geringsten Bewegung ins Wanken geriet und eine Schlinge zusammenzog, die am Stock lose befestigt war, so daß gewöhnlich der Vogel in der Schlinge festhing.

Bis zu meinem zehnten Jahr war ich in der Obhut meiner Mutter und sie war meine Lehrerin. Männer geben sich mit kleinen Kindern nicht ab. Von nun an aber mußte ich bei meinem Vater sein und durfte mit ihm ausgehen. Eines Tages brach er einen starken grünen Ast von einem Beerenbaum ab, vier Tage lang bog er an dem Holz herum, bis es trocken war und so rund wie ein Bogen sein muß. Damals schoß mein Vater einen Gemsbock. Er schnitt aus dem Rückenstück des Tieres eine kräftige Sehne heraus und spannte sie auf meinen Bogen. Er zeigte mir, wie man auch die Sehnen der Oberschenkel und Knie entfernen kann, um auch sie für Bogen zu verwenden. Nun schnitt Vater dünne Stöcke, machte in das dickere Ende Widerhaken und ließ den Stock in einer Spitze enden, und so hatte ich Pfeile. Sein Messer hatte mein Vater von durchziehenden Ovambo gegen Straußeneier und Buschkost eingetauscht. Als ich Pfeile und Bogen in der Hand hatte, zeigte mir mein Vater, wie ich sie handhaben mußte. Er schoß auf einen fliegenden Vogel, der augenblicks tot niederfiel, und sagte mir, ich solle vorerst nur auf Vögel schießen. Beim Vogelschießen lernt man am besten das sichere Zielen, das jeder Buschmann verstehen muß, um nicht in Hunger zu geraten. [...]

Nun kam die Zeit, da wir unsere Heimat verlassen mußten. Es hieß, die Buschleute hätten auf Ovambo geschossen, die durch ihr Land reisten, ja sie hätten auch Weiße umgebracht. So brachte man uns alle nach Tsumeb. Da wohnten wir unter fremden Völkern, aber wir sehnten uns zurück nach unserem eigenen Lande. Bei der Polizei erhielten wir Essen und Trinken, aber jeder erhielt auch eine Marke, auf der seine Nummer stand und die er um den Hals tragen mußte. Von Tsumeb zog mein Vater nach Süden, denn er hatte Befehl erhalten, eine Arbeit anzunehmen. Wir sahen die großen Steinhäuser der Weißen, die viele Augen hatten, und wir wunderten uns, wenn aus dem Loch, vor

Der Fischfluß auf einer Postkarte von 1910. Er wird heute vom Hardap-Staudamm zu einem künstlichen See aufgestaut.

dem ein dünnes Holz sich bewegte, weiße Menschen herauskamen. Sie sahen sonderbar aus, man sah an ihnen Tücher und Lappen und um den Hals einen Strick. Auf dem Kopf trugen sie einen großen Tuchdeckel, die Füße waren beklebt mit Leder und darum Stricke gedreht; sogar vor den Augen hatten die meisten etwas, das in der Sonne glitzerte und uns Schrecken einjagte. [...]

Ich selber wurde von einem Farmer mitgenommen und mußte seine Kälber hüten. Ich sah viele neue Dinge und hörte Laute, die ich nicht verstehen konnte. Wenn einer so mit mir redete, mußte ich immer lachen, aber das war nicht gut für mich, denn jedesmal bekam ich dann Schläge mit dem Stock oder Riemen. Beim Viehhüten mußte ich immer an all das Neue denken, aber noch mehr an unseren Busch in Namutoni. Ich vergaß darum oft meine Kälber und bekam wieder Schläge mit dem Riemen. So mußte ich mir das Denken und Nachsinnen über die Heimat abgewöhnen und das lernen, was man von mir verlangte; als ich das verstand, bekam ich nicht mehr so viele Schläge. Das Geld, das der Farmer mir gab, brachte ich meinem Vater. Der Weiße gab mir auch ein Hemd und eine Hose, bisher hatte ich nur einen Lederschurz getragen. Nun schämte ich mich nicht mehr vor den anderen Eingeborenen.

Xkou-Goa-Xob, 1938

Wie die Busch- und Bergleute zu ihrem Beruf kamen

Als einst Männer des Nachts am Feuer zusammensaßen, geschah es, daß Lebwesen kamen und standen am Ende des Lichtes (Grenze des Lichtscheines). Da begannen die Männer diese Lebwesen unter sich auszuteilen. Die einen sagten: «Die, welche schwarze Augen haben, will ich!» und die andern sagten: «Die, welche funkelnde Augen haben, will ich!» – Als es nun Tag geworden war, sahen sie, daß all die Lebwesen dunkle Augen hatten. Etlichen von den Männern war es nämlich so vorgekommen, als sie bei dem Scheine des Feuers saßen, als hätten die Lebwesen blitzende Augen. Da haben denn die

Männer, welche die dunklen Augen gewählt hatten, alle Lebwesen hinweggenommen, so daß die, welche die funkelnden Augen wählten, nichts bekamen. – Von da an gingen die, welche nichts erhielten, nahmen ihre Stöcke, gruben nach Feldkost und leben heute noch davon. Das waren die Buschmänner und die Bergdamra; denn diese hatten die blitzenden gewählt.

Johannes Olpp, 1888

Die Dama und die Nama

Die Dama des Erongogebirges berichten, daß ihre eigentliche Heimat in Okanjande im Bezirk Otjiwarongo ist. Dort, so erzählen sie, hat sich in der Zeit, als noch kein anderes Volk in Südwestafrika war, ein Fels geöffnet, und aus der Felsenspalte kamen die ersten Dama hervor. Sie sprachen alle nur einerlei Sprache, und sie lebten in Frieden und Eintracht beieinander. Dann aber kam ein Gerücht zu ihnen, daß der Tod im Lande umgehe. Da flohen die Familien auseinander in die Berge. Die einen flohen zum Erongo, die andern zu den Waterbergen und wieder andere in die Auasberge. Und seitdem lebten die Dama in diesen verschiedenen Bergregionen.

Zur Zeit, als die Menschen noch keine rote oder schwarze Hautfarbe hatten, schlachteten sie eines Tages einen Ochsen. Da kam eine Frau, um sich ein Stück Fleisch auszusuchen. Zuerst nahm sie die Lunge, legte sie aber wieder hin und ergriff dafür die Leber. Sie ging davon, bereitete sich die Leber zu und aß sie auf. Die Leber aber färbte alle Kinder, die sie gebar, so daß sie schwarz wurden. Daher ist sie die Mutter der schwarzhäutigen Dama geworden, die sich seitdem «schwarze Menschen» nennen.

Eine andere Frau aber nahm die Lunge und aß sie. Und die Lunge färbte ab auf alle ihre Kinder, die sie gebar. So wurde sie Mutter der Nama, die «rote Menschen» genannt werden.

Namibische Märchen

Ein Missionar kommt

Im Jahr des Friedens, wie das Jahr 1852 von den Hereros genannt wurde, da es ausnahmsweise einmal keinen Krieg gab zwischen ihnen und den Hottentotten, kam über den Oranje ein Ochsenwagen ins Land. Zwanzig ausgesuchte Ochsen gingen im Joch, gelenkt von einem Frachtfahrer, der im ganzen Süden bekannt war unter dem Spitznamen: Ochsenfreund. Seine Zunge schnalzte lauter als jede Peitsche. Es war Petrus Matroos, ein Hottentotte, getauft von einem englischen Missionar vor fast fünfzehn Jahren. Dieser Missionar, Rumbuddel genannt, war früher als Vollmatrose auf Segelschiffen gefahren, bis er, nach einem Sturz aus der Takelage, beim Aufschlag eine Stimme hörte: Du sollst mir Seelen fischen. Er musterte ab und ging nach Südafrika in die Nähe des Oranje, wo er versuchte, die Heiden unter den Tisch zu trinken. Wer sich von ihm taufen ließ, bekam den Namen Petrus. Die Rumbuddel hauchte, nach achtjähriger Missionsarbeit, in einem Sessel sitzend ihren Geist aus, vor sich einen Eimer mit Wasser, in dem drei halbvolle Rumflaschen steckten.

In der Missionsstation Warmbad [...] warteten seit Tagen die Hottentotten auf diesen Wagen, der aus dem Süden kommen sollte. Viele waren aus weitentlegenen Werften gekommen, hatten Kinder, Hunde und Ziegen mitgebracht und hockten jetzt auf dem sandigen Platz und starrten nach Süden. Endlich tauchte am Horizont der Wagen auf, erkennbar als kleine Sandfahne. Wer laufen konnte, machte sich auf den Weg, dem Wagen entgegenzugehen, von einer Neugierde getrieben, gegen die sogar die Mittagshitze machtlos war. Schließlich konnte man den Mann mit bloßen Augen erkennen, er ging dem Wagen voraus. Was die Menge aber in diese ungezügelte Erregung versetzte, war nicht die weiße Hautfarbe des Fremden (obwohl viele von ihnen zum ersten Mal einen Weißen zu Angesicht bekamen), es waren auch nicht die sonderbaren Latschen, die der Mann mutig an den bloßen Füßen trug (immerhin wimmelte es in dieser Gegend von

Fortsetzung Seite 73

Ein Großer Kudu im Etosha-Nationalpark. Diese eindrucksvolle Antilopenart ist in ganz Nord-Namibia häufig anzutreffen.

Wer für Elefanten schwärmt, kommt im Etosha-Nationalpark auf seine Kosten. In großen Herden ziehen sie durch die Trockensavanne und die Buschlandschaft.

Über dreitausend Giraffen leben in Etosha. Am sichersten trifft man sie an den über fünfzig Wasserstellen des Parks, vor allem in der heißen Tageszeit.

Der Springbock, eine grazile Antilopenart, ist sehr gesellig. In großen Gruppen streifen die Tiere durch den Etosha-Park.

Nächste Doppelseite: Steppenzebras stillen ihren Durst. Kurz nach der Regenzeit sind die Herden im Etosha-Park besonders groß: Es ist genug Futter für alle da. Während der Trockenzeit teilen sich die Herden in kleinere Gruppe auf. Die Suche nach Gras ist so effektiver.

Löwen sieht man im Etosha-Nationalpark sehr häufig. Über 350 Tiere leben hier.

Wer das einsame Naturerlebnis sucht, findet es selbst im vielbesuchten Etosha-Park. Ein ausgedehntes Straßennetz sorgt dafür, daß sich die zahlreichen Touristen selten begegnen.

Löwennachwuchs ist im Etosha-Park kein Problem. Die Raubkatzen vermehren sich hier stärker als in anderen Gegenden Afrikas.

Es gehört Glück dazu, Leoparden in freier Wildbahn zu entdecken. Sie sind scheu und suchen in der Tageshitze meist Schutz unter Bäumen und im dichten Busch.

Skorpionen und Schlangen), das erwartungsvolle Staunen galt auch nicht der Tatsache, daß er zu Fuß ging (die Weißen, die man bisher gesehen hatte, mußten schon am frühen Morgen auf der Wagenbank festgebunden werden, damit sie im Suff nicht unter die schweren Holzräder kamen), nein, die fast unerträgliche Spannung der Menge richtete sich auf das Gesicht des Fremden, der, in einem ärmellosen schwarzen Wams, einen langen Stecken in der Hand, gut dreißig Schritte dem Ochsengespann vorausstapfte. Dunkelhaarig, mit einem ebenso dunklen Bart um Kinn und Mund, ein Gestell mit blitzenden Gläsern auf der Nase, erkannten die geübten Nomadenaugen an ihm sogleich seine Ähnlichkeit mit einem Schaf. Und zwar nicht mit irgendeinem Schaf, sondern, wie die Gerüchte, die seit Wochen im Land umliefen, zu berichten wußten, mit dem feinwolligen Merinoschaf, das in dieser Gegend noch selten war. Lag es an der Länge seines Kinns oder an den eng beieinanderstehenden hellen Augen, oder war es das leicht gewellte, krisselige Haar? Als der Fremde die wartenden Hottentotten mit einem milden Lächeln begrüßte, verstärkte sich das Schafige in seinem Gesicht. Da brandete ihm ein begeisterter Jubel entgegen. Vergessen waren die Anstrengungen der letzten Tage, das lange Warten und die Zweifel an der Richtigkeit der Erzählungen. Und in diese Begeisterung mischte sich die Bewunderung über die Standhaftigkeit des Fremden, der trotz seines häßlichen Gesichts sogar in der sengenden Mittagssonne keinen Hut trug, der also seine Ähnlichkeit mit diesem freundlichen und genügsamen Tier offen zur Schau stellte.

Man muß unter dem Himmel des Allmächtigen mit bloßem Haupte wandeln, war ein Wahlspruch von Missionar Gorth, den er schon auf der Missionsschule in Barmen strikt befolgt hatte und dem er auch in tropischen Breiten treu blieb. Der Allmächtige hat den Himmel zu seinem Throne und die Erde zu seinem Fußschemel gemacht, pflegte Gorth zu sagen. So deutete er denn auch die tumultartige Begeisterung, die ihm in diesem Land von allen Seiten entgegengebracht wurde, als ein Zeichen Gottes. Seine Missionsarbeit, die ihn im Auftrag der Rheinischen Mission nach Bethanien führen sollte, schien unter einem günstigen Stern zu stehen.

Uwe Timm, 1978

Siedlerromantik

Mit Recht kann man sich fragen, wie Leute zu Beginn des 20. Jahrhunderts dazu kamen, in Afrika die Bauweise der europäischen Ritterzeit zu wählen. Soweit ich orientiert bin, gibt es in der ganzen überseeischen Welt kein anderes Land außer Südwestafrika mit eigentlichen ‹Ritterburgen›, die weniger der Verteidigung zu dienen hatten, als offenbar der Mentalität ihrer Erbauer entsprachen. Es ist offensichtlich, daß die ersten europäischen Siedler dieses Landes ausgesprochene Romantiker waren, Menschen, die nicht mehr ganz in die europäische Enge und in das angebrochene Industriezeitalter paßten.

Ein Mann dieser Art war Adolf Lüderitz. 1834 in Bremen geboren, hatte er in jungen Jahren die amerikanischen Tabakmärkte Virginias und Kentuckys kennengelernt und in Mexiko Viehzucht getrieben. [...] Das von Bismarck verhängte Tabakmonopol war der äußere Anlaß für den Entschluß des Romantikers Lüderitz, an einer der ödesten Küsten Afrikas die erste deutsche Kolonie zu gründen.

Hans Jenny, 1966

Lüderitz erwirbt Angra Pequena

Dienstag, den 1. Mai 1883. Durch einen prachtvollen Schlaf gestärkt, fest hoffend, daß dieser wichtige Tag zum Guten sich wenden würde, betraten wir nach dem Frühstück das Parlamentsgebäude (ein Häuschen aus Lehm, Holz und Bambus hergestellt). Bei unserer Ankunft wurden uns 3, von den Hottentotten angefertigte Stühle, angewiesen, auch der Kapitän und seine Richter hatten solche. Ich brachte nun meine Wünsche vor. [...] Wohl an 40 Hottentotten hockten im Kreise herum, und die Pfeife ging von Hand zu Hand. Oft steckte während der Sitzung einer seine Pfeife in Brand, ließ den Häuptling ein bischen daraus rauchen, und dann ging sie weiter. Gesprochen und gestikuliert wurde

lebhaft, die Zungenschnalzlaute, die häufig in der Landessprache zur Anwendung kamen, klangen ganz betäubend. Eine definitive Antwort wollte mir der Häuptling nicht geben, er sagte, ich möchte am Nachmittag wiederkommen, dann würde ich seine Antwort hören. Am Nachmittag gingen wir nun wieder zu ihm, und erhielt ich dann eine bejahende Antwort. Einen Kaufvertrag in holländischer Sprache hatten wir schon aufgesetzt und wurde dieser denn auch gleich unterzeichnet. In deutscher Übersetzung lautet der Vertrag wie folgt: «Heute, dem 1. Mai eintausendachthundertdreiundachtzig (1883) hat Joseph Frederiks, Kapitän von Bethanien, als der gegenwärtige Besitzer von dem Hafen von Angra Pequena und von dem umliegenden Lande, den genannten Hafen und das angrenzende Land, 5 Meilen nach allen Richtungen an die Firma F. A. E. Lüderitz in Bremen in Deutschland, für den Betrag von £ 100.– in Gold und zweihundert Gewehren mit Zubehör verkauft und abgetreten.» [...]

Links: 1908 wurde der erste Diamant bei Lüderitz entdeckt. Wenig später entstanden im nahen Kolmanskop die ersten Diamantenminen (Postkarte um 1910). Mitte: In der Schmidtfeld-Mine. Von 1908 bis 1915 siebten deutsche Minengesellschaften zwanzig Zentner Diamanten aus dem Sand (Postkarte um 1910).

Wie das Schriftstück unterzeichnet war, war ich dankbar und glücklich, daß bis soweit alles so gut gegangen war.

Am 2. Mai wurden wieder die Pferde gesattelt, und zurück ging es nach Angra Pequena.

HEINRICH VOGELSANG, 1906

Der «Wert» einer Kolonie

Als maßgebend für den wirtschaftlichen Wert einer Kolonie gilt der Grad, in dem Letztere imstande ist, die heimische Wirtschaft durch Versorgung mit Rohstoffen und Kolonialwaren zu ergänzen, und welche Bedeutung sie besitzt als Markt für die heimischen Industrieerzeugnisse. Die wirtschaftlichen Beziehungen der Kolonie zum alten Lande, die Fäden, die sich hin und wieder spinnen, sind nicht nur bedeutsam für den völkischen und politischen Zusammenhang Beider, sondern bilden auch die Voraussetzung für den Anschluß der Kolonie an den Weltverkehr, sowie für ihre Befruchtung mit den notwendigsten Hilfsmitteln von Handel und Verkehr, in erster Linie mit Geld und Kredit. [...]

Unser Südwestafrika weist nun die typischen Merkmale der Siedlungskolonie auf; d. h. seine geographischen und klimatischen Verhältnisse ermöglichen es, daß Volksangehörige sich dauernd dort niederlassen, und die Bewirtschaftung des Landes selbst in die Hand nehmen. Da aber die in Südwestafrika übliche extensive Wirtschaftsweise eine Massenansiedlung nicht gestattet, tritt hier die Siedlungsfrage gegenüber der Pflege der Handelsbeziehungen und der Bildung von Märkten vollständig in den Hintergrund.

Rechts: Diamantenmine bei Bogenfels. Schwarze Minenarbeiter müssen die Diamanten mit der Hand aus dem Sand sieben (Postkarte um 1910).

Von diesem letzteren Gesichtspunkte aus betrachtet, schien die Entwicklung Südwestafrikas die pessimistische Beurteilung, die sie anfänglich von seiten vieler Kolonialgegner erfuhr, zu rechtfertigen. Diese stützten sich bei Abgabe ihrer Werturteile auf die dürftigen Ein- und Ausfuhrziffern, sowie die geringe Einwanderung der ersten beiden Jahrzehnte. Auch die in Unkenntnis des Landes, und seiner Hilfsquellen vorgefaßte Meinung vieler Finanzkreise ging damals dahin, es sei verfehlt, Kapital in einem Lande zu investieren, wo dauernde reale und realisierbare Werte in nennenswertem Maße überhaupt nicht vorhanden wären. Erst die Entdeckung der Diamantenfelder, die 1908 im Hinterland von Lüderitzbucht erfolgte, führte einen Umschwung der Meinungen herbei; nunmehr schien erst die Zukunft der Kolonie gesichert.

Hermann Strähuber, 1915

Menschenverachtende Urteile über die Ureinwohner

Zu den eingeborenen Arbeitern, die im mittleren Hereroland Verwendung finden, gehören Vertreter aller überhaupt in der Kolonie lebenden Stämme. Naturgemäß überwiegen der Zahl nach jene, welche vor Besiedlung dieses Gebietes seine Einwohner bildeten: die Bergdamara und die Herero.

Erstere bildeten, soweit es sich zurückverfolgen läßt, die ursprüngliche Einwohnerschaft dieses Teiles der Kolonie und lebten von der Viehzucht. Sie wurden später von den aus dem Norden eindringenden Herero, die ihnen kriegerisch überlegen waren, unterworfen und mußten diesen nun zum größten Teil als Sklaven dienen; nur wenige hielten sich in den Bergen unabhängig. Aus diesen Ereignissen erklärt sich der heutige Charakter beider Stämme und ihre Verschiedenartigkeit. Der Damara ist gewohnt, zu gehorchen; dabei ist er gutmütig und anstellig, wohl aber auch weniger intelligent als der Herero. Da sie sich am Aufstande gegen die Europäer nicht beteiligt, vielmehr eher diesen noch im Kampfe gegen ihre früheren Herren, die Herero, geholfen haben, gelten sie als zuverlässig und werden von der Regierung gerne verwendet, vor allem auch als eingeborene Polizeidiener. Daher kommt es, daß sie den Farmern in weit geringerem Umfange zur Verfügung stehen, als dies zu wünschen wäre.

Der Herero, als einstiger Eroberer des Landes, war gewohnt zu gebieten. Wenn er sich trotzdem schnell genug in die neue Lage der Dinge gefunden hat, die ihn zwingt zu dienen, so hat dies seine Hauptursache in dem Umstande, daß nach der Verfassung ihres Volkes die jungen Leute in sehr strenger Zucht standen und die Macht in den Händen weniger Großleute und Häuptlinge lag, die heute selbst nicht mehr in Betracht kommen. Und so ist der Herero, wenn auch stolz und verschlossen, bei richtiger Behandlung treu und zuverlässig. Die Urteile über seine Brauchbarkeit weichen sehr erheblich voneinander ab; ich glaube, daß dies vor allem auf der verschiedenen Eignung der Farmer, ihn zu behandeln, beruht. Denn wo immer die Behandlung richtig ist, ist auch der Herero gut zu gebrauchen; es gilt dies bis zum gewissen Grade auch von den anderen Stämmen. – Worauf es besonders ankommt, dürfte sein, daß der «Baas» d.i. der Herr der Farm, ihm imponiert. Ein zu weit gehendes Einlassen mit den Eingeborenen – natürlich auch mit den Weibern – erscheint sehr gefährlich. Andererseits muß aber doch auch ein gewisser Kontakt zwischen Farmer und Eingeborenen bestehen, der diese das nötige Interesse am Gedeihen der Farm nehmen läßt. Ein solches Einvernehmen entsteht besonders dort schwer, wo es dem Farmer nicht gelingt, die Sprache der Eingeborenen zu verstehen. Die in solchen Fällen nicht zu vermeidenden Mißverständnisse haben oft zu ungerechter Bestrafung der Leute geführt; und das ist das schlimmste, was geschehen kann. So ruhig der Herero eine Strafe hinnimmt, auch eine körperliche Züchtigung, wenn er sie nach seiner eigenen Auffassung verdient hat, so schwer vergißt er sie, wenn er sie für ungerecht hält. Gerechte Behandlung ist die allgemein anerkannte Forderung bei Behandlung der Eingeborenen; was häufig aber, vor allem von neu Eingewanderten, übersehen wird, das ist der Umstand, daß das Rechtsempfinden des Eingeborenen in vieler Hinsicht von dem unsrigen abweicht und daß er zu letzterem erst allmählich erzogen werden kann. Ferner ist nichts so schädlich, als Launenhaftigkeit seitens der Farmer; aber auch, wer Südwest und das Leben dort selbst kennt, kann beurteilen, wie schwer es dem Farmer dort oft ist, sich vor diesem Fehler zu bewahren. [...]

Als besonders charakteristisch, gerade für den Herero, sei noch erwähnt, daß er zu erhöhter Arbeitsleistung gebracht werden kann, wenn man seinen Ehrgeiz anzustacheln versteht; es gilt dies besonders bei Arbeiten, bei denen der Farmer selbst mit Hand anlegt. – Der Eingeborene kann kurze Zeit sehr schwere Arbeit bewältigen, doch ist er nicht ausdauernd. Im großen und ganzen kann seine Leistungsfähigkeit auf die Hälfte derjenigen eines Weißen eingeschätzt werden. [...] [Diesen] Stämmen folgen der Zahl nach zunächst die Ovambo, die gleich ihnen Neger sind, jedoch auf höherer Kulturstufe stehen. Sie bewohnen als freies Volk den äußersten tropischen Norden der Kolonie, wo sie vor allem Ackerbau treiben. Während der arbeitsamen Zeit verlassen sie zum Teil ihr Gebiet und werden gegen, im Verhältnis zu den anderen Stämmen, höheren Lohn vor allem in den Minenbetrieben, bei Bahnbauten und dergl. verwendet. Seltener finden sie sich auf Farmen teils, weil sie teuerer sind, teils weil sie nur selten dauernd bleiben wollen.

[...] Hottentotten, die Bewohner des Südens unseres Schutzgebietes, finden sich im mittleren Hererogebiet nur vereinzelt vor. Desgleichen die ihnen verwandten, jedoch am tiefsten von allen Stämmen stehenden Buschleute. Ohne auf ihre Charaktere näher einzugehen, sei doch hervorgehoben, daß beide Stämme weniger brauchbar und meist schwerer zu behandeln sind, als die Neger des Nordens.

Johannes Gad, 1915

Oben links: Dieses Foto von 1897 zeigt den Missionar Judt in Hoachanas am Auob Vorsprung inmitten seiner «Zöglingsschar».

Oben rechts: Das Foto trägt die Originalbeschriftung «Bastardmädchen». Kinder aus Verbindungen zwischen Afrikanern und Weißen wurden von den Kolonialherrn besonders verachtet (Foto um 1910).

Mitte links: Die erste Klasse der evangelischen Missionsschule in Windhoek (Foto um 1910).

Mitte rechts: Sittsam gekleidet wie eine weiße Siedlerfrau: eine Herero um 1910. Nur ihr Schmuck ist noch afrikanisch.

Unten links: Die Missionskirche von Gross Barmen. 1845 wurde hier eine der ersten deutschen Missionen Namibias gegründet (Foto von 1897).

Unten rechts: Ein Nama in europäischer Kleidung. Die Nama leben noch heute in der Halbwüste im Süden des Landes (Foto um 1910).

Die Parkbank

Der große weiße Mann ging durch den Park am Rande der Stadt. Es war früh am Nachmittag. Die Sonne stand noch hoch am Zenit. Der große weiße Mann schwitzte.

In der Mitte des Parks, unter einer wunderschönen Schirmakazie, sah der große weiße Mann von weitem eine Bank stehen. Auf der Bank saß ein schwarzer Mann.

Damned! murmelte der weiße Mann. Es war keine andere Bank in der Nähe, und er hatte auch keine Lust, eine längere Strecke zu laufen und eine neue Bank zu suchen. Er würde sich also wohl oder übel neben diesen Kaffer setzen müssen.

Als der weiße Mann ungefähr bis auf zehn Schritte herangekommen war, stand der schwarze Mann auf, ging gemächlich auf die Wiese neben der Bank und setzte sich ein paar Schritte von der Bank entfernt mitten auf den Rasen.

1. Klasse der ev. Missions-Schule
Windhuk

Zutritt nur für Weiße: Swakopmund in den siebziger Jahren. Die südafrikanischen Besatzer führten in Namibia eine strenge Apartheid ein. Erst 1977 wurde – zumindest formal – die Rassendiskriminierung in Namibia aufgehoben.

Quelle bei Grootfontein. Dickfleischige Bergaloen beherrschen die Landschaft. Diese Pflanzen sind sehr genügsam: In ihren Blättern speichern sie das Wasser (Foto um 1910).

starker Brandung in der Umgebung von Lüderitzbucht gegen eine Kliffküste andonnern. Lüderitzbucht und Walfischbai sind die beiden Naturhäfen, in ihrem Charakter ganz verschieden, in ihrer Wirkung als sturmsichere Häfen dieselben. Denn beide weisen mit ihrer Öffnung nach Norden, während an der Küste Südwinde vorherrschen. Alle anderen Buchten sind mehr oder weniger offen, mehr oder weniger versandet und enden als Lagunen ihr kurzes Dasein. [...]

Von dieser Küste dehnt sich die 50–130 km breite Namib nach dem Innern. In steilem Anstieg führt sie uns rasch bis auf Höhen von über 1000 Metern. Ein jedem dichteren Pflanzenwuchs ungünstiges Trockenklima macht sie zur Wüste, die sich wie eine Sperre zwischen Küste und Hinterland legt. [...]

Das an der Küste angeschwemmte Sandmaterial trägt er [der Wind] in mächtigen Dünen auf die Fläche hinauf, sie in einen dichten Sandmantel hüllend. Vom Oranje bis zum Kuiseb beherrschen sie das Landschaftsbild. Erst an diesem Rivier und am Swakop finden sie ihr Ende, weil hier Wassermassen, die aus einem regenreicheren Innern kommen, periodisch das Dünenmaterial aus ihrem Bette ins Meer schaffen.

Carl Schmidt, 1922

Die große Dürre

Da war das einfache, flache Steinhaus mit der breiten Veranda und dem mächtigen Pfefferbaum davor und den Bougainvillaranken über dem Eingang; da war der kleine Garten mit den Orangen- und Zitronenbäumen und dem Gemüse; da war seitlich davor der Windmotor mit den zwei großen Bassins; und dann die Schuppen für den Traktor und den Landrover und den Mais und dazu einige Werkstätten für den Farmbedarf. Etwas weiter weg war das große Maisfeld mit seinen vertrockneten Stauden und seinen Erdschweinhügeln und -Löchern; daneben war die Werft der Eingeborenen mit ihren windschiefen Hütten, den Verschlägen für die Maultierkarren, mit kleinen nackten Kindern,

Links: Graphische Muster im Sand. Ihre Form verrät, aus welcher Richtung der Wind kommt.
Rechts: Auch das ist Sand. Durch die Vergrößerung werden die unzähligen verwitterten Mineralkörner sichtbar, aus denen sich Sand zusammensetzt.

gackernden Hühnern, die im Unrat nach Futter suchten, und einigen struppigen, kläffenden Kötern. Da war endlich die breite, sandige Pad, die an der Farm vorbeiführte mit ihren tiefen Furchen, die nach beiden Richtungen sich in die Steppe fraß, in das endlose, öde, ausgetrocknete Buschland.

Sechs Jahre dauerte die Dürre. Draußen vor der Veranda unter dem großen Pfefferbaum stand der alte Damara Abraham und wartete auf den Baas. Es war noch sehr früh. Eben war die Sonne hochgegangen über den windschiefen Hütten der Werft, hatte sich in einigen noch blanken Stellen des rostigen Wellblechs scharf gespiegelt und war dann rasch, ein feuriger Ball, in das wolkenlose Blau des Himmels gestiegen. Über ihm, in den dichten, immer noch grünen Zweigen des Pfefferbaums, pfiffen einige Webervögel ihr Morgenlied, aber Abraham hörte nichts davon. Seine alten Ohren nahmen das nicht mehr auf; sie waren ganz erfüllt von dem dunklen, traurigen Gesang der Dürre, dem Gebrüll der unzähligen durstigen, hungrigen Rinder im kahlen Veld. Immer hatte Abraham diesen Gesang im Ohr, dies verzweifelte Klagelied der durstigen Steppe, Tag und Nacht.

Abraham stand und wartete auf den Baas. [...] Jetzt hörte man nur noch das leise Scheppern des Windrads in der müden morgendlichen Brise. In immer dünnerem Rinnsal förderte es das Wasser aus dem versiegenden Brunnen. Es reichte eben noch, Mensch und Vieh am Hause und die nötigsten Gartenpflanzen zu versorgen, aber für die Felder, den Mais und die Hirse blieb nichts mehr übrig.

Abraham wartete auf den Baas. Der Baas wartete auf den Regen. Abraham wartete auf den Regen, mit dem Baas, Tag um Tag, wartete vor der Veranda unter dem großen Pfefferbaum, unter dem großen blauen Himmel, dem immer gleichen Brand der Sonne, wartete und wartete.

Nach einer langen Zeit kam der Baas auf die Veranda und befahl Abraham, die Pferde zu satteln.

Links: Ausgedörrter Boden eines Flußbetts. Wenn die angeschwemmte feine Tonerde ausgetrocknet ist, bilden sich tiefe Risse. Rechts: Ein funkelnder Amethyst in der Nahaufnahme. Dieser Halbedelstein kommt in Namibia recht häufig vor. Selbst ungeübte Steinsammler können auf Wanderungen oder Spaziergängen fündig werden.

Sie stiegen zu Pferde und ritten durch das tote Veld, unter dem großen, immer gleichen Brand der Sonne, ritten schweigend und schnell, bis sie die braunen Hügel sahen und unter den dürren Kameldornbäumen die braunen Hügel der toten Rinder. Über ihnen, zwischen ihnen hockten die Geier in dichten Knäueln. Als sie heranritten, flogen sie träge hoch und wechselten über zu einem Kameldornbaum in der Nähe. In der Luft hing schwer und süß der Geruch des toten Fleisches.

Die Bäuche der Rinder waren prall aufgetrieben. Sie sahen ganz vollgefressen aus, so als hätten sie sich überfressen, bis ihre Füße sie nicht mehr tragen konnten. Aber es war nur Gas in den Bäuchen, die heiße Luft des Hungers, die heiße Luft der Dürre. Die Männer stießen ihre Messer in die Pansen bis zum Heft, daß die Luft zischend entwich. Danach warteten sie, bis der Traktor kam, der die große Grube aushob und die Kadaver nacheinander hineinzog.

Dies war das erste Mal, daß der Farmer sich nicht mehr die Mühe machte, die verendeten Tiere zu häuten und die Knochen herauszulösen, um sie auf die Nachbarfarm in die Knochenmühle zu bringen. Ein grimmiger Ekel würgte ihm in der Kehle. Er trachtete nur danach, den Anblick der toten Tiere so schnell wie möglich loszuwerden. Von nun an wurden sie einfach eingescharrt, haufenweise in großen Gräbern, die der Traktor für sie auswarf.

Als das bittere Werk getan war und die Männer davonritten, erhoben sich die Geier in einer dunklen, brausenden Wolke und kreisten lange still über der zugeworfenen Grube. Immer noch lag betäubender, süßer Aasgeruch in der hitzeflimmernden Luft.

Sechs Jahre lang dauerte die Dürre, und fünf Jahre schon führte der große Mann in dem Haus mit der Veranda seine langen, stummen Zwiegespräche mit seiner toten Frau. Im ersten Jahr der Dürre war sie gestorben. Sie war wohl zu zart gewesen für diese Erde und dieses Land. Unter der sengenden Glut der Sonne war sie hingewelkt wie das Gras, das im Velde verdorrte. Ihr Sterben war ihr wie eine Flucht erschienen, eine Flucht aus dieser Aufgabe ihrer Ehe und Mutterschaft. Sie war eine fromme Frau gewesen, und sie hatte eine gute Ehe geführt. Sie hatte gewußt, wie schwer es für ihren Mann sein würde ohne sie, und daß er nie ganz darüber hinwegkommen würde.

Der einzige Sohn besuchte nun im letzten Jahr die Schule in der Hauptstadt. Das Jahr neigte sich seinem Ende zu, bald würde er für immer in die trostlose Einöde der Farm zurückkehren. Diese Aussicht lastete dem Farmer schwer auf der Seele. Er hatte den Jungen nach dem Abschlußexamen ins Ausland schicken wollen, in das ferne Heimatland der Väter, aber seine geldlichen Mittel waren erschöpft: er hatte diesen Plan längst aufgeben müssen. Der Junge mußte zurück auf die Farm. Aber wie sollte das weitergehen? Er trug selber schon schwer genug an dem Unglück, das über die Farm und das Land gekommen war. Er wollte nicht, daß das junge Leben des einzigen Kindes schon mittragen sollte an dieser traurigen Bürde. Auch diese Not klagte er in seinen einsamen Zwiegesprächen der toten Frau.

Anfang Dezember zogen Wolken auf, große weiße Kumuluswolken. Sie kamen von Nordost und bedeckten bald in dichter Decke das ganze Land. Manchmal waren die Wolken grau und ballten sich dichter zusammen, aber niemals wollten sie auseinanderreißen und die erlösende Flut des Regens schicken.

«Nein – das kann doch nicht sein, das darf doch nicht sein, – das ist doch Wahnsinn!» Der alte Mann stand im Halbdämmer des niedrigen, holzgetäfelten Zimmers vor dem Bilde seiner toten Frau und krampfte seine schweren Hände um die Lehne des roten Sessels. Durch den ganzen hageren Körper lief ein Zittern wie von einem lautlosen, aber unaufhörlichen Schluchzen.

Wie oft hatte er hier schon gestanden und seine hadernden Dialoge mit der geführt, die einmal seine Frau gewesen war.

Der schwere Stuhl bebte unter seinem Zugriff, er stand mit flackernden Augen, Schweiß perlte auf seiner Stirn, und sein Atem schlug gegen das dunkle Bild der frommen Frau. Er wollte diesen Blick nicht mehr. Seine Bitterkeit und sein Leid waren zu groß geworden.

Am Abend desselben Tages ging der Mann ganz allein ins Veld, schritt unter den dunklen Wolken hin, die nicht regnen wollten, geraden Weges auf einen seiner letzten Posten zu, an dem er noch Vieh stehen hatte, an der letzten laufenden Tränkrinne, etwa hundert Rinder mit dürren Flanken, hängenden Hälsen.

Eine knappe halbe Stunde später rollte eine Kette von Schüssen durch die weite Ebene, rollte unaufhaltsam durch das dämmernde Land, rollte gegen die Sonne, die mit prächtigem, kaltem Glänzen im Westen in die flimmernde Steppe fiel, rollte nach oben und stieß mit zornigem Hall gegen die dunkle, weiche Wolkenwand, die nun schon seit Tagen über der Steppe stand, ohne sich je zu öffnen.

Die Nachricht von der Erschießung einer ganzen Rinderherde lief mit Windeseile durch das Land. Aber da war keiner, der den Farmer zu tadeln wagte. Einige redeten wohl von einer bedauerlichen Kurzschlußhandlung, aber viele andere, die in ähnlich verzweifelter Lage waren, spendeten grimmigen Beifall [...].

Wolfgang Brockpähler, 1980

Genügsame Pflanzenwelt

Bei dem Vorwalten solcher extrem ungünstiger Verhältnisse, wie Regen- und Grundwassermangel, intensive Insolation und stetig Terrain wechselnde Flugsandbildung, müssen der Entwicklung der Pflanzen- und Tierwelt entsprechend enge Schranken gezogen sein; aber trotzdem, wo immer nur ein Stein oder ein Felsvorsprung Schutz vor der Gewalt des Windes zu bieten verspricht, da hat sich auch eine Kolonie genügsamer Pflanzen angesiedelt. Jener kleine stämmige Halbstrauch dort ist ein Pelargonium; an den kurzen, dicken und rötlich berindeten Ästchen stehen noch einige wenige Blätter; die Blüten hat der Sturm, bevor sie ihrer Bestimmung Genüge leisten konnten, längst weggeweht und so sieht nun der ungefügige Miniaturdickhäuter etwa einem Arme mit vielen steif abstehen-

Fortsetzung Seite 101

Ohne jedes Anzeichen von Tier- und Pflanzenleben zieht sich die Dünenlandschaft der Skelettküste dahin.

Nächste Doppelseite: Die «weißen Schlösser» des Hoarusib-Canyons. Ihre fragile, von der Verwitterung bedrohte Form ist entstanden durch die chemische Verbackung von Sand.

Die Berglandschaft des Huab-Tals gehört zu den Attraktionen des Skelettküstenparks. Die gewellten Kuppen und die breiten Felsrücken sind Folge jahrtausendelanger Verwitterung ...

... aus härterem Gestein bestehen zum Teil die Inselberge, die der Erosion länger widerstehen.

Ein lebenswichtiger Wasserspender in der Namib-Wüste ist der Ugab. In der Trockenzeit versiegt jedoch sein Zufluß aus Quellen im Landesinneren.

Nächste Doppelseite: Ein Paradies für Seevögel ist die Nordküste Namibias. Kormorane, Pelikane und Zwergflamingos, sie alle finden reichlich Nahrung am Küstensaum und in der nahen Hochsee.

Kilometerlang einsamer Strand – an der Skelettküste kann man eine grandiose Fahrt direkt am Meer entlang genießen. Voraussetzung ist allerdings ein Fahrzeug mit Vierradantrieb.

An der Skelettküste: Eine Puffotter zieht ihre Spur durch den Sand.

Die «Roaring Dune» an der Skelettküste ist berühmt für ihre tiefe Stimme: Wenn man auf ihr läuft, ist ein dröhnender Ton zu hören. Er entsteht durch die Reibung des Quarzsandes.

An der Skelettküste: Immer wieder neu modelliert der Wind die Oberfläche der Dünen.

Nächste Doppelseite: An der Skelettküste. Fast scheint der helle Sand von den schwarzen, mit Wüstenlack überzogenen Felsen herabzufließen.

In manchen menschenleeren Gebieten Namibias ist jede Begegnung mit einem anderen Auto eine Sensation. Man winkt sich zu oder hält sogar an. Manche reisen im Konvoi.

Die Namib-Wüste ist eine der vielfältigsten Landschaften Afrikas. Ihr östlicher Saum ist geprägt von Hügeln und Inselbergen.

Wäre da nicht das gut ausgebaute Straßen- und Pistennetz, man könnte sich vorstellen, als erster und einziger durch die endlosen Wüstenlandschaften zu fahren.

Nächste Doppelseite: Am Kreuzkap. Über achtzigtausend Robben leben ständig in diesem Schutzgebiet. Der Benguela-Strom liefert ihnen so viele Garnelen und Langusten frei Haus, daß sie wenig Lust auf Wanderschaft verspüren.

Seebären fühlen sich am Kreuzkap ausgesprochen wohl: Die kalte Meeresströmung des Benguela sorgt für die von ihnen bevorzugte frische Wassertemperatur.

den Fingern gleich. Noch vorteilhafter gegen Sand und Sturm schützt sich ein naher Verwandter der vorigen Gattung, eine gelblich blühende Sarcocaulon, die mittelst eines ausgeschiedenen gelben Harzes Stamm und Astrinde mit harter Glasur imprägnirt. Die kleinen Blättchen werden frühzeitig abgeworfen; der Blattstiel verholzt, spitzt sich zu und dient nun der sparrigen unschönen Pflanze als Wehr gegen hungrige Schakale.

Die kaum bemerkbaren Ritzen und Spalten der Felsen hat sich ein niedriges Federgras [...] zu Nutzen gezogen, das, begünstigt durch zwerghaften Wuchs und grösste Anspruchslosigkeit, auch seinerseits einen erfolgreichen Kampf ums Dasein führt.

Wo der Boden einigermassen kompakt ist, da findet sich ein des Grünen beinahe ganz entbehrender Salzbusch [...], dessen knorriger Stamm und Wurzel der Faktoreiküche das unentbehrliche Brennmaterial liefern. Infolge der ihm eigenen graubraunen Farbe ist der überdies oft zu weiten Beständen vereinigte Strauch auf grosse Distanzen hin sichtbar, ja überhaupt wohl das erste Wahrzeichen, das dem der Küste sich nähernden Seefahrer geboten wird.

Hans Schinz, um 1885

Der Sandsturm

Mittwoch, den 26. September noch vor Tagesanbruch aufgesattelt. Es ist sehr kalt. Der Wind weht noch immer. Am Strande in südlicher Richtung weiter. Dieselbe Schwierigkeit wie gestern mit den beiden scheuen Pferden. Dazu der Wind, der immer ärger wird. Indem er sich nach Süden wendet, artet er gegen 7 Uhr morgens zu einem Sandsturm aus. Dabei eiskalt, daß uns entsetzlich friert. Die Luft ist ganz mit Sand gefüllt, sodaß man nicht fünf Schritt weit sehen kann. Die Sonne steht als matte Scheibe am Himmel. Außer dem Sand bringt der Sturm noch kleine Steinchen von Erbsengröße, die mit ihren scharfen Spitzen und Zacken das Gesicht zerschlagen und zerkratzen. Mit zugekniffenen Augen erzwingen wir uns den Weg vorwärts. Nur im Schritt können wir reiten, dem Sandsturm entgegen. Meine Hoffnung sinkt immer mehr, heute noch nach Angra-Fria zu kommen. Die Lage wird sehr kritisch. Gegen 8 Uhr gehts nicht mehr vorwärts. Die Pferde wollen selbst im Schritt nicht mehr gegen den Sturm angehen. Wir müssen auf offener Fläche dicht am Strande absatteln. Nicht einmal eine Sanddüne ist da, hinter der wir Schutz suchen können. Ein Meer von Sand umgibt uns. Wir stellen die Sättel aufrecht, dahinter die Satteldecken, legen uns platt auf die Erde und verbergen den Kopf hinter den Sätteln. Es hilft wenig, doch etwas. Alles füllt sich mit Sand: Augen, Ohren, Nase und Mund, alle Taschen und Öffnungen. Die Lage wird immer bedenklicher. [...] Wir bleiben geduldig liegen bis Mittag. Wir sind vom Sand fast zugeweht. Der Wind tobt weiter. Wohl oder übel entschließe ich mich, aufzusatteln und weiterzureiten. [...] Doch bald versagt das eine Pferd, Peter. Trotz allen Schlagens ist es nicht mehr vorwärts zu bringen. Wir müssen es stehen lassen. Jetzt gilt es nur «vorwärts». Bald versagt auch das zweite Pferd, Jonker. Wir müssen den Packsattel liegen und das Pferd stehen lassen. Jetzt wird die Lage sehr ernst; denn wenn die beiden anderen Pferde auch versagen, sind wir verloren. Ich sehe ein, daß es nach Süden dem Sturm entgegen nicht mehr geht. Es bleibt nur die Wahl, entweder zum Kunene zurück oder rechtwinklig zum Sturm direkt nach Osten quer durchzureiten und uns durchzuschlagen. Nach meiner Schätzung waren wir etwa 40–50 Kilom. von Kunene entfernt, also etwa halbwegs zwischen Kunene und Angra-Fria. Ich entschließe mich schnell, nach Osten zu reiten. Ich tue es auch, um die hungrigen Pferde so bald als möglich ins Gras zu bringen, und um Josiah einen Gefallen zu erweisen, der mich inständig bittet, nicht nach dem Kunene zurückzureiten. Unterdessen tobt der Sturm immerfort. Nach einer Stunde haben wir die Küstenebene hinter uns. Es geht bergauf in die felsigen und steinigen Hügelketten hinein.

4 Uhr nachmittags eine Stunde abgesattelt. Dann weiter, unausgesetzt bergauf, bergab; aber mit der Tendenz des Aufsteigens. Wir befinden uns auf dem westlichen Abfall des Namib-Plateaus, das nach dem Meere zu von Hügelreihen begrenzt wird. Das Reiten rechtwinklig zum Sturm geht etwas besser. Vorsichtig und langsam gehts weiter. An stei-

Der Wind treibt den Sand stets vor sich her, die Dünen sind beständig auf Wanderschaft. Pflanzen und ...

len Stellen steigen wir ab und führen die Pferde, um sie nicht zu überanstrengen. So gehts die halbe Nacht durch. Auf den Höhen, über die wir hinweg müssen, weht der Sturm am heftigsten. Er geht einem durch Mark und Bein und bläst bis auf die Knochen. Josiah schlottert vor Kälte am ganzen Leibe. Mitternachts ist der Sturm wieder so entsetzlich, daß wir hinter einem Granitblock, der eine kleine Höhle hat, absatteln müssen. Mit den Köpfen kriechen wir in die Höhle hinein. Der Körper bleibt draußen und wird von Sand zugeweht. Die Pferde halten wir an den Zügeln. So warten wir den Morgen ab. Noch vor Tagesanbruch satteln wir auf. Der arme Josiah dauert mich. Er zittert vor Kälte am ganzen Leibe, ich nicht minder. Der Sturm nimmt aber zu unserer Freude allmählich ab. Unaufhörlich gehts in östlicher Richtung weiter, entmutigend ist es, daß wir gar kein Ende der Hügelreihen sehen, die wir erklimmen. Haben wir eine Hügelreihe erstiegen, so steigt eine neue Reihe dicht vor uns auf, die wir vorher nicht gesehen, weil wir uns aus der Tiefe in die Höhe bewegen. Gegen 7 Uhr morgens wird auch das dritte Pferd schlapp. Wenn das vierte Pferd auch versagt, sind wir verloren. Ich halte mich nicht für fähig, die ganze Strecke bis Nadas zu Fuß zu machen; denn wir sind ohnehin schon sehr müde. Josiah erbietet sich freiwillig, zu Fuß zu laufen. Er belädt sich außerdem mit seiner Schlafdecke, trägt sein Gewehr, Patronengürtel und einen Wassersack, der noch halb voll ist. Das übriggebliebene Pferd, Hans, der scheue Blauschimmel, läuft aber noch ganz gut. Ich habe außerdem noch einen etwas mehr als halb gefüllten Wassersack, mit dem ich bequem noch einen Tag auskommen kann, an Proviant haben wir nur noch ein Stück Springbockfleisch von Handgröße. Stetig und langsam gehts weiter. Eine Höhe nach der andern wird erklommen. Endlich um 9 Uhr früh haben wir die höchste Höhe erreicht und sehen vor uns die mächtige Namibfläche und fern, genau im Osten, den Kegel von Omatjenguma. Nun sehen wir doch ein Ziel und ein Ende vor uns. Meine Berechnung war also richtig gewesen. Ich hatte vermutet, auf der Höhe von Omatjenguma herauszukommen. Wir rasteten ein Weilchen. Dann stiegen wir in das unmittelbar vor uns lie-

... Gebäude wie hier in der Geisterstadt Kolmanskop «ertrinken» allmählich im Sand (siehe auch Seite 135).

gende Tal hinab, das mit schweren Sanddünen angefüllt war. Unterdessen war Windstille eingetreten, und die Sonnenhitze machte sich drückend geltend. Mit großer Mühe überwanden wir die Sanddünen und erreichten Mittags ein trockenes Rivier, in welchem wir den ersten Baum, ein kleines verkrüppeltes Ding, fanden, in dessen Schatten wir absattelten. In den Sanddünen war eine Gemsbockherde an uns vorbeigejagt, ohne daß wir zu schießen imstande waren. Unsere Gewehre waren so versandet, daß wir sie nicht einmal zum Laden öffnen konnten. Unter dem von uns hochgepriesenen Zwergbaum verzehrten wir das letzte kleine Stück Springbockfleisch. Dann schliefen wir sofort ein.

Georg Hartmann, 1905

Eisenbahnfahrt nach Karibib

Wir standen auf dem Vorderperron des Wagens. Allmählich lichtete sich der Nebel, so daß man anfing, die einzelnen Gegenstände deutlicher zu unterscheiden. Was man sah, war allerdings nicht viel. Sand und Dünen und Dünen und Sand. Hin und wieder erheben sich vom Sand glattgeschliffene Felsen und einzelne, vom Sand fast verwehte Strandbüsche.

Der Zug klomm eine kleine Erhebung hinan. Zur Linken entdeckten wir grünes Buschwerk, Bäume und Sträucher, auf denen sich das Auge ausruhen konnte. Es war das Swakoprivier. In der trockenen Zeit befindet sich im Flußbett des Swakop an der Oberfläche kein Wasser, aber während der Regenzeit kommt der Swakop in so gewaltigen Mengen ab, daß er gefährlich wird. Augenblicklich war er gänzlich ausgetrocknet, aber die grünen Büsche müssen doch Grundwasser haben, das sie speist. Wenn man in ihrer Nähe sachgemäß gräbt, stößt man wohl auf Wasser. [...]

Mit der zunehmenden Helligkeit erkannten wir die Büsche und Sträucher, den Terpentinbusch, die Buschmannskerze, die für die Namib kennzeichnend sind. Den ersten Hackiesdörns wurde zugejubelt. Eigentümlich sahen kleine, goldgelbe Kürbisse

Links: Kolmanskop war einst ein blühendes Zentrum des Diamantenbergbaus. In der Nähe fand ein afrikanischer Bahnarbeiter den ersten kostbaren Stein. Aber als im Süden ergiebigere Fundstellen entdeckt wurden, lohnte der Abbau nicht mehr. Langsam starb die Stadt aus (siehe auch Seite 135). – Rechts oben: Die Bahnstation Guibes. Die wichtigsten Bahnverbindungen des Landes entstanden in den Jahren 1900 bis 1914. Die Bahnlinien wurden von der deutschen Kolonialverwaltung gebaut, denn eine gute Infrastruktur war entscheidend für den wirtschaftlichen Erfolg der Siedler und Kaufleute. – Rechts unten: An der Bahnstation Brukkaros.

Thomas Baines: «Cutting wood for the wagons», Gemälde um 1862. Der englische Abenteurer, Forscher und Schriftsteller Baines (1820–1875) ist einer der bekanntesten «Porträtisten» des Landes. Auf seine langen Entdeckungsreisen nahm er immer Pinsel und Leinwand mit.

aus, die sich streckenweise in großen Mengen fanden, die Tsamas, wie gelbe Kugeln, mit denen Kinder gespielt und die sie nun achtlos hierhin und dorthin geworfen haben. Ihre Ranken trocknen schnell ab und die Früchte allein bleiben liegen. Manche sind bitter, manche fast geschmacklos, ihr Saft löscht den Durst bei Menschen und Tieren.

Mühsam schnaufte das Bähnchen (es hat nur 60 cm Spurweite) vorwärts, an der großen schwarzen Klippe vorbei, die die Grenze zwischen dem deutschen Gebiet und der englischen Walvis Bay bildet. Dann plötzlich lag eine dunkle, steile Gebirgsmasse vor uns: das Hanoasgebirge. Unter vielem Gestöhn wand sich die Maschine hinauf und gerade, als wir auf der Höhe angekommen waren, stieg strahlend der Sonnenball empor. Mit einem Schlage war es hell und warm. [...]

Das Reisen hatte allmählich aufgehört ein Genuß zu sein. Glühend heiß, staubig, daß die Augen brannten, durstig, ohne Erquickung erlangen zu können, die Maschine sehr geräuschvoll klappernd, und dabei hin und her gerüttelt, daß man Gefahr lief, irgend jemand anderem auf den Schoß zu fallen, so ging es stundenlang vorwärts. Die Gegend, die wir durchfuhren, erinnerte an ein Hochgebirge mit Schluchten, Felsen, Klüften, die wohl selten eines Menschen Fuß betreten hatte. Im Vorbeifahren sahen wir eine Herde Strauße, Springböcke, auf einem Felsen eine Pavianfamilie. Dann plötzlich, mit purpurnem Schimmer, senkte sich die afrikanische Nacht hernieder. Im lichten Glanze flimmerten die Sterne und schienen viel näher und größer zu sein als in der Heimat.

Kurz nach 9 Uhr hielten wir in Karibib, der Endstation unserer Reise. Zu jener Zeit herrschte nur Tagesverkehr auf der Bahn. Wir waren froh, den ermüdenden Reisetag hinter uns zu haben. Hungrig, durstig, über alle Begriffe staubig, wie gerädert, mit dröhnendem Kopfe, war ich froh, als ich in dem schmalen Bett im Hotel Kahl meine müden Glieder strecken konnte.

MARGARETHE VON ECKENBRECHER, 1940

Thomas Baines: «Swa-kop River», Gemälde von 1861. Baines, der 1860 bis 1864 den Süden Afrikas bereiste, war fasziniert von der Landschaft Namibias. In vielen Gemälden hielt er ihre Schönheit fest.

Eine Nacht im Busch

Mittlerweile war die Nacht hereingebrochen. Ein wundervoller Mond ergoß seine Strahlen über die Dawibbäume mit ihren langen, zitternden, feinen Blättern. Unter einem solchen hatten wir ausgespannt. Mein Mann tränkte mit dem Treiber die Ochsen. Der Wächter bekam seine Befehle für die Nacht und zog mit seinen Decken los. Michael, der Tauleiter, hatte einen großen Haufen dürres Holz zusammengetragen und bald ein hochaufprasselndes Feuer entzündet. Etwas Malerischeres läßt sich kaum denken. Die wunderbare Nacht mit dem flimmernden Mondschein und den Myriaden Sternen, die großen gespenstischen Bäume mit den lang herabhängenden, im Nachtwind sich hin und her wiegenden Ästen. Dann wieder die leuchtend rote Glut des Feuers und die auf und ab tanzenden Flammen. [...] Ich habe im Laufe der Jahre unzählige Abende und Nächte am Lagerfeuer verbracht, und stets übten sie auf mich denselben geheimnisvollen Reiz aus. Auch jetzt noch, wenn ich von Arbeit und Sorgen abgespannt bin, gibt es für mich keine bessere Erholung, als einige Tage und Nächte im Busch zu verbringen.

Es wurden zwei Töpfe ans Feuer gerückt. Einer für die Leute, die ihre Abendmahlzeit kochten, bestehend aus Mehlbrei mit Salz, und einer für uns, gleichfalls Mehlpapp mit etwas amerikanischem Schweineschmalz. Dazu gab es Brot und Tee aus Blechbechern, an die ich mich langsam gewöhnen mußte.

Die Nacht war bitter kalt, was ich nach der Hitze des Tages doppelt unangenehm empfand. Dann wurde das Lager für die Nacht zurechtgemacht. Auf der Seite gegen die Windrichtung wurden zwei Säcke an den Büschen befestigt, um den kalten Wind abzufangen. Ein Segeltuch schützte gegen Ameisen, Skorpione und Dornen. Darüber breiteten wir unsere zahlreichen Decken und Kissen. Wir legten uns, die Füße dem Feuer zugekehrt. Auf der anderen Seite des Feuers schliefen die beiden Eingeborenen so dicht an der Glut, daß dem einen während der Nacht die Decken ansengten.

Ich lag wach und ließ den Zauber einer afrikanischen Nacht auf mich wirken. Das Mondlicht stahl sich durch die Zweige. Das Feuer prasselte und knisterte. War es herabgebrannt, dann erhob sich eine vom Feuerschein lichtumflossene Gestalt, um es von frischem anzufachen. Tiefe Stille herrschte, und doch schien die Nacht lebendig mit ihren tausend Stimmen. Der Nachtwind rauschte so eigen in den Bäumen, die kleinen Hälmchen und Gräser ringsumher nickten und wehten. Eulen, Fledermäuse und anderes Nachtgevögel flatterte auf, und ganz aus der Ferne erklang das Bellen der Schakale. Ich konnte keinen Schlaf finden; das alles war so neu, so eigenartig. Endlich tat mir der Mond den Gefallen, herumzurücken, und da vergaß ich Afrika und alles um mich her und schlief sanft und süß bis in den Morgen hinein.

Margarethe von Eckenbrecher, 1940

Namibia aus der Vogelperspektive

Es hat seinen besonderen Reiz, nicht mit dem Düsenjet erdfern hoch über den Wolken, sondern mit einer viermotorigen Maschine in knapp 3000 Meter Höhe, und daher noch in lebendigem Kontakt mit der Erde, von Kapstadt aus über die paradiesische Landschaft des Kaplandes nach Nordwesten zu fliegen. Nur wirkt es dann fast wie ein Schock, wenn unvermittelt die ungeheuren Sandwüsten und Steppen auftauchen, die von der Südgrenze Südwestafrikas bis hoch in den Norden zum Ovamboland, an der Grenze Angolas, das Gesicht dieses Teiles des afrikanischen Kontinents bestimmen. Namibia heißt diese Wüste, deren einziger Reichtum die größten Diamantenfelder der Welt sind. Nur an ihrem Rand liegen jene wenigen zur Siedlung und vor allem zur Tierzucht geeigneten Gebiete Südwestafrikas, die es bewohnbar machen. [...] Allmählich, je weiter wir nach Norden kommen, desto eigenartiger, ja fast gespenstisch, verwandelt sich die Landschaft unter uns. Der weiße Wüstensand weicht einem versteppten, gebirgigen und von weißen Farmern und Pionieren für Weide und Viehzucht genutzten Land, das in den monatelangen Trockenzeiten so unter der Sonne ausdörrt, als sei es von riesigen Flächenbränden zerstört. Die einzelnen Weidekoppeln haben die Größe von Gütern in Europa. Von dem Umfang der Farmen selbst kann man sich ein Bild machen, wenn man hört, daß selbst die kleinsten noch eine Fläche von mindestens 10000 Hektar bedecken. Solche Flächen ernähren gerade noch ein paar hundert Rinder und 400 bis 500 Karakulschafe, die Produzenten der berühmten Persianer. Außer Weidekoppeln mit magerem Buschgras wächst auf diesen Farmen so gut wie nichts. Dürr und vom ständigen Wind verkrümmt sieht man da und dort kleine Büsche und Bäume und die Löcher tiefer Brunnen – die Voraussetzung dafür, daß hier überhaupt Menschen und Tiere leben können. Es gibt weite Landstriche, auf die oft drei oder vier Jahre lang kein einziger Tropfen Regen fällt und doch, so erzählen uns die Bewohner, geschieht, wenn nach vielen Jahren plötzlich ungeheure Wolkenbrüche das Land überschwemmen, ein Wunder der Natur. Jahrelang haben sich die kleinen Wurzeln und Samen in der ausgetrockneten Steppe aus Stein und Sand erhalten, und nun wird plötzlich das ganze Land förmlich über Nacht von einem Teppich von Blumen und grünem Gras in so leuchtenden Farben überzogen, als seien hier die besten Gärtner der Welt tätig geworden. Fast alles in Südwest spielt sich in solchen ungeheuren und dramatischen Gegensätzen ab. Sie bestimmen auch den Charakter der Menschen. Das Klima ist überhaupt nur erträglich, weil das Land auf einer Hochebene liegt, die bis zu 1800 Meter über das Meer ansteigt. Das trifft auch für die Stadt Windhuk zu, die nach dem langen Flug nun zu unseren Füßen liegt, eingebettet in einen Kranz scharfkantiger, verkarsteter Felsenriffe. Trotz der modernen Hochhäuser und weißen Villenviertel wächst die Stadt in der Abenddämmerung wie die Fata Morgana aus einer versunkenen Welt empor, eine Welt, die wir neu entdecken. Die Aquarellfarben des Kaplandes noch im Auge, prallen die Farben hier in einer Schärfe auf den Beschauer ein, die fast schmerzt. Besonders am Abend, im schrägen Licht der untergehenden Sonne, das alle Konturen härtet, meint man, die strengen Kulissen eines antiken Theaters vor sich zu haben, das auch den Menschen zu Strenge und Härte erzieht.

Kurt Ziesel, 1973

Im Sossusvlei. Der rötliche Sand der Dünen kann an der Oberfläche glühendheiß, bis zu achtzig Grad Celsius, werden.

Nächste Doppelseite: Sandwich Harbour – der Name erinnert daran, daß der heutige Lagunensee früher ein Hafen war. Sandwich Harbour ist ein Vogelparadies. Wie in Walvis Bay kann man hier vor allem viele Flamingos sehen.

Die Rössing-Mine siebzig Kilometer östlich von Swakopmund zählt zu den einträglichsten Minen Namibias. Hier wird im Tagebau Uran gefördert.

In Swakopmund (oben) und Walvis Bay (unten) wird Salz gewonnen. In flache, künstlich angelegte Pfannen wird täglich Meerwasser gepumpt. Die Hitze läßt das Wasser verdunsten, bis das Salz kristallisiert. Dann wird es vom Pfannenboden gelöst und gereinigt.

In Swakopmund. Die historische Innenstadt mit Gebäuden aus der deutschen Kolonialzeit ist nahezu vollständig erhalten geblieben.

Burg Nonidas bei Swakopmund, ehemalige Kaiserliche Zollstation, heute Hotel.

Oben und unten: In Swakopmund. Kleinstädtische Gründerzeitfassaden unter afrikanischer Sonne: Die deutschen Kaufleute, die sich hier Ende des 19. Jahrhunderts ansiedelten, bauten wie in ihrer Heimat. Alles sollte so sein wie dort.

Bei Solitaire, am Rand des Namib-Naukluft-Parks. Viele eingeborene Namibier erledigen ihre Besorgungen und Besuche mit dem Eselskarren.

Bei Solitaire. In der Mitte des Landes überwiegen Schaf- und Rinderfarmen. Um die Tiere auch in der Trockenzeit zu ernähren, müssen die Weideflächen groß sein. Fünftausend Hektar Land hat eine durchschnittliche Farm in Namibia.

Im Namib-Naukluft-Park, dem mit fünf Millionen Hektar wohl größten zusammenhängenden Naturschutzgebiet Afrikas.

Nächste Doppelseite: Im «Dünenmeer» der Namib-Wüste, einem der schönsten Dünengebiete der Welt. Die scharfen Kämme formt der Wind, in dessen Hauptrichtung die Dünen langsam vorwärts wandern.

Die Welwitschia, eine Pflanze, die bis zu zweitausend Jahre alt werden kann, ist nur in der Namib-Wüste zu finden. Sie hat sich wunderbar an die Trockenheit angepaßt: Mit lederartigen Blättern schützt sie sich vor zu großer Verdunstung, für den täglichen Wasserbedarf reicht der Morgennebel aus.

Namib-Wüste: allein in der Weite der Dünen.

Auffällige Felsformationen wie hier am Vogelfederberg entdeckt man im Namib-Naukluft-Park immer wieder.

Oben und unten: Im Sossusvlei. Die charakteristische rote Farbe der Dünen kommt durch den hohen Anteil an Granaten im Sand zustande. Das obere Bild entstand während eines Sandsturms.

Oben und unten: Ohne ein Zeichen von Leben brütet die Dünenlandschaft um das Sossusvlei in der Hitze. Doch hier gibt es Hunderte von Tierarten. Im lockeren, staublosen Sand können sie unter der Oberfläche atmen und sich unterirdisch fortbewegen.

Nächste Doppelseite: Oryxantilopen ziehen während eines Sandsturms durch die Pfanne des Sossusvlei. Gibt es irgendwo etwas Wasser und Gras, so sind sie schnell zur Stelle, mitten in der Wüste.

Eine Landschaft wird zum abstrakten Bild: Dünen in der Namib-Wüste, südlich von Swakopmund.

Jürgen Kempf

Städte und Landschaften, Geschichte und Kultur

Allgemeine Informationen

Geographische Lage und Klima. Das Land zwischen Kunene und Oranje erstreckt sich von etwa 17 bis 29 Grad südlicher Breite entlang der Westküste Afrikas und reicht bis zum 21. östlichen Längengrad. Nur das «Anhängsel» Caprivi-Streifen erreicht den Sambesi bei 25 Grad östlicher Länge. Diese Lage am Wendekreis des Steinbocks (bei 23,5 Grad südlicher Breite), der mathematischen Grenze zwischen den Tropen und den Subtropen, bedingt wesentlich den variantenreichen Naturcharakter der Region. Namibia ist ein Land des Übergangs, in Nord-Süd- und in Ost-West-Richtung.

Das Klima ist im Norden – dem Ovambo- und Kavangoland – eindeutig tropisch-wechselfeucht mit den innerhalb der Passatwindzone üblichen ausgeprägten Sommerniederschlägen; wobei der Sommer hier wie auf der Südhalbkugel allgemein von Oktober bis März dauert, also mit dem Winter der Nordhemisphäre einhergeht. Im äußersten Südwesten dagegen kommen unter dem gelegentlichen Einfluß der außertropischen Westwinde auch Winterregen vor. Die jährlichen Niederschläge nehmen generell von Nordosten (Ost-Caprivi) nach Südwesten (südliche Namib) ab. Während Katima Mulilo mehr als siebenhundert Millimeter Regen im Jahr erhält, sind es in Lüderitz weniger als fünfzig. Ähnlich verhält es sich mit den Jahresmitteltemperaturen: Im Nordosten betragen sie durchschnittlich 22 Grad Celsius, im Südwesten 16 Grad Celsius – wobei diese natürlich auch von der Höhenlage über dem Meeresspiegel abhängen.

In den Wintermonaten können die Temperaturen empfindlich absinken, häufig sogar bis weit unter die Frostgrenze. Kalte Nächte, heiße Tage kennzeichnen das Wüstenklima der Namib, geringe tageszeitliche Schwankungen das tropische Klima am Okavango, kühle Winter und warme Sommer das zentrale Hochland.

Landschaften und Vegetationsformen. Eine Vielzahl kleinräumiger, völlig unterschiedlicher Landschaftstypen paßt sich in die klar gegliederten Großlandschaften Namibias ein. Etwa zwei Drittel des Landes bilden weite Ebenen, die zum Teil von Dünenmeeren wie in der Namib südlich des Kuiseb, zum Teil von vereinzelten Inselbergen wie etwa in der Felsen-Namib besetzt sind. Inselberge, nach einem deutschen Geologen auch «Bornhardts» oder «Kopjes» («Köpfchen») genannt, sind der Erosion entgangene Granitkuppen, die wegen ihrer isolierten Lage meist eigenständige Ökotope bilden. An den Rändern des Hochlandes sind die ansteigenden Ebenen tief zerschnitten in weiträumige Talsysteme.

Das angehobene Urgestein des alten afrikanischen Sockels, der Westflügel der großen Südafrikanischen Randschwelle, bildet das steinerne Rückgrat Namibias, das zentrale Hochland. Dieses bis 1800 Meter hohe Bergland stellt sich meist als leicht gewellte Hochfläche dar. Dort, wo Flüsse die Plateaus zersägt haben, zeigen sich Schichtstufenlandschaften und Canyons.

Vor dem Hintergrund dieser Reliefeinheiten – sanft ansteigende Küstenebene, Randschwellenhochland und Flächen des Kalaharibeckens – gliedern sich die Lebensräume Namibias in Abhängigkeit vom Klima in drei Großsysteme: Trockenwald, Grasländer und Wüste samt dem Trockengrenzsaum. Wie beim Klima läßt sich auch bei den Landschaften feststellen, daß Namibia im Übergangsbereich von den tropischen Waldsavannen zum außertropischen Wüstengürtel liegt. Vergleiche zum Südrand der Sahara drängen sich auf, und es läßt sich durchaus von einem «namibischen Sahel» sprechen. Man trifft hier auf all die Probleme, die in derartigen Zonen auftreten: vom Wassermangel, tropischen Krankheiten und Plagen bis zu der vom Menschen mitverschuldeten Ausdehnung der Wüsten mit ihren ökologisch problematischen Folgen.

Die Namibier. Vom statistischen Durchschnitt her leben weniger als zwei Einwohner auf einem Quadratkilometer des trockenen Landes; doch über die Hälfte der Bevölkerung wohnt im äußersten Norden, nahe der angolanischen Grenze oder im Hochland um Windhoek und Rehoboth. In allen anderen Gebieten kommen bis zu vier Quadratkilometer auf eine Person. Namibia zählt damit zu den am dünnsten besiedelten Ländern Afrikas.

Wie bei den meisten im letzten Jahrhundert künstlich geschaffenen afrikanischen Flächenstaaten, deren Grenzen die Kolonialmächte am Reißbrett gezogen hatten, kann man auch die etwa 1,5 Millionen Einwohner Namibias ethnisch nicht in einen Topf werfen. Zu groß sind die traditionellen Unterschiede zwischen Wildbeutern, nomadischen Viehhirten, Kleinbauern und Farmern, die sich zudem durch Missionierung, «westliche Erziehung», Expansion der Geldwirtschaft oder politische Eskalationen in verschiedenen Stadien des Kulturwandels befinden. Elf große ethnische Gruppen teilen sich das Land: geordnet nach der zahlenmäßigen Stärke sind zu nennen die Ovambo, Kavango, Herero mit Ovahimba, Weiße, Damara, Nama, Farbige, Caprivianer, Baster, San und Tswana. Zwischen ihnen bestehen bedeutende Differenzen, die in einer Aufsplitterung in Stämme, Gruppen und Clans zum Ausdruck kommt. So sprechen zum Beispiel die zusammengewürfelten Caprivianer sechs verschiedene Sprachen, von denen im allgemeinen Lozi als «lingua franca», als Geschäftssprache, dient, und auch die Kavango setzen sich aus den Bantustämmen der Kwangali, Mbundza, Sambyu, Mbukushu und Gciriku zusammen.

Derartige ethnische Unterschiede haben unter Umständen auch politische Folgen – so traten beispielsweise bei den Wahlen zur Verfassunggebenden Versammlung Namibias im November 1989 alte, traditionelle Rivalitäten oder auch Sympathien so offen zutage, daß Politikwissenschaftler von ethnischen Wahlen sprachen. Seinerzeit wählten die Ovambo, traditionell Kleinbauern, nahezu geschlossen die Partei der Befreiungsbewegung SWAPO, während diese zum Beispiel bei den viehzüchtenden Herero gerade 14 Prozent der Stimmen erhielt.

Die Aufgabe des «nation building» – der Schaffung gleicher Bedingungen unter den Völkern, unabhängig von ihrer ethnischen Zugehörigkeit – ist eines der größten Probleme der namibischen Gegenwartspolitik. Dazu bedarf es vor allem einer einheitlichen Sprache. Englisch wurde zur Staatssprache erklärt, obwohl es nur relativ wenig gesprochen wird; das gebräuchliche Afrikaans (Kap-Holländisch) trägt den kolonialen Beigeschmack von 75 Jahren Unterdrückung und Rassenpolitik, die Khoisan-Sprachen (Nama und !Kung-San) sind wegen ihrer ungewöhnlichen Klick- und Schnalzlaute schwer zu erlernen, obwohl sie die älteste der einhei-

mischen Sprachgruppen repräsentieren. Es bleiben die Bantu-Sprachen, von denen Oshivambo (die Sprache der Ovambo) von mehr als der Hälfte der Namibier gesprochen wird und damit die wichtigste Sprache des Landes ist.

Wirtschaft. Namibia verfügt wie fast alle Entwicklungsländer lediglich über einen ausgeprägten Rohstoff- und Landwirtschaftssektor – die industrielle Entwicklung ist dagegen sehr gering. An Rohstoffen werden vor allem Uran bei Rössing, Kupfer, Zink und Blei bei Tsumeb und Kombat sowie die Diamanten der südlichen Namib bergbaulich erschlossen und exportiert. Die Zinn-Wolfram-Mine bei Uis ist seit 1990 stillgelegt. Wirtschaftliches Hauptproblem Namibias ist, daß die Abbaustätten großenteils in Händen multinationaler oder ausländischer Konzerne sind und somit außer den Arbeiterlöhnen und geringen Steuereinnahmen kaum Geld im Land bleibt. Die Landwirtschaft des trockenen Landes hat mit dem Problem niedriger Flächenproduktivität und weit entfernter Absatzmärkte zu kämpfen. Einziger größerer Devisenbringer ist langfristig die staatliche Lizenzvergabe für den Fischfang innerhalb der namibischen 200-Meilen-Wirtschaftszone, doch die Gewässer der fruchtbaren Küstenströmung sind bereits weitgehend leergefischt. Ausbaufähig ist sicher der Tourismusbereich. Aufgrund der weiten Entfernungen nach Nordamerika und Europa setzt Namibia verstärkt auf Jagd- und Luxustourismus.

Politik. Nach dem jahrzehntelangen Streit um die Unabhängigkeit dominiert heute in Namibia eine Politik der Versöhnung. Entwicklung aller Landesteile, die Wiederangliederung des stets vernachlässigten, als wild und unberechenbar verrufenen Nordens, Bildung und soziale Sicherung auch der unteren Bevölkerungsschichten sind die wichtigsten politischen Aufgaben des jungen Staates. Der Konflikt zwischen der Befreiungsbewegung SWAPO und den anderen Parteien scheint endlich beigelegt: Sam Nujoma wurde von der Nationalversammlung einstimmig zum Präsidenten gewählt. Seinem Kabinett gehören auch weiße Politiker und nicht nur Mitglieder des Ovambo-Stammes an.

Oben links: 1889 kamen die ersten deutschen Truppen zum Schutz der Weißen ins Land. Erinnerungsfoto von der Einschiffung nach Windhoek, 1905.

Unten links: Neujahrskarte von 1909.

Mitte: Der Nama Hendrik Witbooi (um 1840–1905), Führer der Oorlam.

Oben rechts: Verhandlungen zur Befriedung der Region um Omaruru 1894: Landeshauptmann Theodor Leutwein (links sitzend), Herero-Unterhäuptling von Omaruru Noreseb Manasse (rechts sitzend) und Oberhäuptling Samuel Maharero (rechts stehend).

Mitte rechts: Der Bremer Kaufmann Adolf Lüderitz (1834–1886).

Unten rechts: Der Nama Jonker Afrikaner, Führer der Oorlam (um 1800–1861).

Daten der namibischen Geschichte

Um 25 000 v. Chr. Bei der Apollo-11-Höhle in den Hunsbergen entstehen die ältesten Kunstwerke Afrikas, bemalte tierische und menschliche Figuren aus Stein. Steinwerkzeuge belegen Siedlungen auf dem Brandberg.

um 5000 v. Chr. Erste Felsmalereien; bis ins 19. Jahrhundert n. Chr. bleibt diese künstlerische Ausdrucksform erhalten.

4000–3000 v. Chr. Älteste Felsgravuren von Twyfelfontein.

um Chr. G. Khoi-Khoi halten Schafe und Ziegen; sie stellen Keramik her, verwenden jedoch kein Metall.

1486 Der Seefahrer Diego Cão landet am Kreuzkap und errichtet ein Steinkreuz zum Zeichen der Macht Portugals.

1488 Bartolomëu Diaz stellt auf seiner Seereise zum Kap der Guten Hoffnung ein zweites Steinkreuz an der Bucht von Angra Pequena auf.

ab 1500 Bantusprachige Ackerbau- und Hirtenvölker wandern aus dem Norden und Nordosten nach Namibia ein und verdrängen die einheimische Khoisan-Bevölkerung nach Süden und in die Namib-Wüste.

1760 Jacobus Coetsé, Jäger aus dem Kapland, betritt Namibia als erster Weißer auf dem Landweg.

um 1800 Beginn der großen Nama-Herero-Kriege.

1805 Gründung der ersten Missionsstation bei Warmbad.

um 1840 Ausweitung der Missionstätigkeit auf das ganze Namaland. Gründung Windhoeks durch den Nama Jonker Afrikaner, den Führer der Oorlam.

1842 Carl Hugo Hahn wird zunächst in Windhoek, ab 1845 in Barmen Missionar. Seine Station entwickelt sich zum wichtigsten Ort Namibias, da unter seiner Leitung viele Verhandlungen zwischen den Volksstämmen geführt werden.

1850–1867 Der Schwede Charles John Anderson macht mehrere Jagd- und Forschungsreisen von Otjimbingue aus.

1851 Francis Galton berichtet von Kupfervorkommen im Otavi-Bergland.

1855–1860 Kupferabbau in der Matchless-Mine bei Windhoek.

1868 Baster aus dem Kapland lassen sich bei Rehoboth nieder.

23.9.1870 Mit dem Frieden von Okahandja beginnt ein zehnjähriger Waffenstillstand zwischen Nama und Herero.

1878 England annektiert Walvis Bay und verwaltet den bis dahin einzigen Hafen Namibias von Kapstadt aus.

1880 Die Herero übernehmen Windhoek von den Nama. Mit einer Grenzstreitigkeit am Swakop beginnt der zehnjährige, letzte große Nama-Herero-Krieg.

19.8.1882 Die Kapengländer Evenson und Willmer erwerben vom Topnaar-Nama-Häuptling Piet Haibib Minenkonzessionen am Kuiseb.

1.5.1883 Der Nama-Führer Josef Frederik verkauft der Firma Adolf Lüderitz aus Bremen einen Landstreifen an der Angra-Pequena-Bucht für die Errichtung einer Handfaktorei. Weitere Landkäufe durch Lüderitz folgen rasch.

24.4.1884 Reichskanzler von Bismarck erklärt Südwestafrika zum deutschen Schutzgebiet.

30.4.1885 Wenige Tage nach Abschluß der Berliner Kongo-Akte, bei der die Aufteilung Afrikas durch die europäischen Kolonialmächte festgelegt wurde, wird die Deutsche Kolonialgesellschaft für Südwestafrika gegründet.

1890 Mit dem Tod Mahareros, Häuptling der Herero, endet der zehnjährige Krieg gegen die Nama. Im englisch-deutschen Helgoland-Sansibar-Abkommen erhält die junge Kolonie Südwestafrika mit dem Caprivi-Streifen Anschluß an die wichtige Wasserstraße des Sambesi.

18.10.1890 Grundsteinlegung der Festung Windhoek.

1891 Beginn der Wollschafzucht im Süden Namibias. Verlegung des Reichskommissariats von Otjimbingue nach Windhoek.

1891–1894 Erster Krieg der Nama gegen die deutsche Schutztruppe.

1897–1902 Bau der Eisenbahnlinie Swakopmund-Windhoek.

1900 Die Otavi-Minen-und-Eisenbahngesellschaft (OMEG) zur Erschließung der Erzlagerstätten im Norden wird gegründet.

1903–1906 Bau der Otavi-Bahnlinie Swakopmund-Tsumeb.

1904–1907 Großer Aufstand der Herero und Nama gegen die Kolonialmacht.

11.–12.8.1904 In der Schlacht am Waterberg werden die Herero besiegt. Bis Ende 1904 sind über Zweidrittel der Herero-Bevölkerung durch den Krieg, Gefangenschaft und die Vertreibung in die Kalahari getötet worden.

1908 Entdeckung der Diamanten bei Kolmanskop und Bau der Bahnlinie Lüderitzbucht-Keetmanshoop.

1909 Südwestafrika erhält eine eigenständige Verwaltung.

9.7.1915 Die deutsche Schutztruppe kapituliert bei Khorab vor der südafrikanischen Armee.

1919 Im Vertrag von Versailles wird die ehemalige deutsche Kolonie Mandatsgebiet des Völkerbundes. Der südafrikanische Konzern Consolidated Diamond Mines (CDM) übernimmt die Diamantenminen.

17.12.1920 Der Völkerbund überträgt das Mandat für Namibia auf Südafrika.

1922 Krieg der Bondelswart-Nama gegen die Südafrikaner.

1925 Aufstand der Baster.

1934 Namibia wird als fünfte südafrikanische Provinz von Pretoria aus verwaltet.

1946 Südafrika weigert sich, die UNO als Nachfolgeorganisation des Völkerbundes anzuerkennen und nach dessen Auflösung die UN-Weisungen in bezug auf Namibia zu befolgen.

1958 Gründung der Ovamboland People's Organization (OPO) unter dem Ovambo Sam Nujoma in Kapstadt.

1960 Umbenennung der OPO in SWAPO (South West African People's Organization).

1964 Eine südafrikanische Kommission unter dem Vorsitzenden Odendaal schlägt für Namibia eine Heimatland-Politik vor, die jedoch von der UNO scharf kritisiert wird.

26.8.1966 Die SWAPO beginnt mit dem bewaffneten Kampf, der sich im Ovamboland zum Guerrilla-Krieg entwickelt.

27.10.1966 Die UNO entzieht Südafrika das Mandat für Namibia.

1970 Der UN-Sicherheitsrat erklärt in einer Resolution die südafrikanische Besetzung für illegal und ruft zu Sanktionen auf.

1973 Sam Nujomas SWAPO erhält Beobachterstatus bei den Vereinten Nationen und wird als einziger Repräsentant des namibischen Volkes anerkannt.

26.6.1976 Beginn des Uranabbaus bei Rössing.

21.10.1977 Südafrika schafft die ersten Apartheid-Gesetze ab und beendet zumindest formal die Rassendiskriminierung in Namibia.

1978 UN-Resolution 435 über die Unabhängigkeit Namibias wird verabschiedet, der vorgesehene Termin für die Unabhängigkeitserklärung verstreicht jedoch.

1978–1985 Eine schwere Dürre lähmt die Landwirtschaft Namibias.

1988 Die Durchführung des Zeitplans für die Unabhängigkeit beginnt.

November 1989 Bei der Wahl zur Verfassunggebenden Versammlung erhält die SWAPO die absolute Mehrheit.

21.3.1990 Ausrufung der Unabhängigkeit Namibias. Präsident wird der SWAPO-Chef Sam Nujoma.

Sehenswerte Orte und Landschaften von A bis Z

Ziffern im Kreis verweisen auf die Karte auf Seite 155.

Brandberg ①. In der zentralen Felsen-Namib liegt inselhaft das eindrucksvolle Brandberg-Massiv mit dem 2579 Meter hohen *Königstein*, dem höchsten Berg Namibias. Hier findet sich ein bedeutendes Rückzugsgebiet für Pflanzen, die mehr Feuchtigkeit benötigen als die Trockenvegetation der Namib, sowie für Wildtiere, denen bis in dieses Jahrhundert von den Jäger- und Sammlergruppen der San nachgestellt wurde. Zahlreiche *Felsmalereien*, von denen die «Weiße Dame» als eines der nationalen Symbole Namibias die bekannteste darstellt, bezeugen die jahrtausendelange Präsenz und Präferenz der Wildbeuter für dieses Gebiet.

Caprivi-Streifen ②. Dem englisch-deutschen Helgoland-Sansibar-Abkommen von 1890 verdankt Namibia seine niederschlagsreichste Region: Der damalige deutsche Reichskanzler von Caprivi erreichte mit diesem Vertrag das Ziel, die Kolonie Südwestafrika an den damals wichtigen Wasserweg des Sambesistromes anzubinden. Nach ihm wurde dieser Landstrich benannt. Der Caprivi-Streifen zwischen den wasserreichen Flüssen Kavango, Sambesi, Kwando, Linyanti und Chobe ist zwar abgelegen, aber wegen seiner Fruchtbarkeit ein ökonomisch sehr bedeutendes Gebiet für Namibia. Es gibt hier einige sehenswerte landwirtschaftliche Versuchsfarmen.

Neben den *Wildreservaten* (Mahango, West-Caprivi-Wildpark, siehe Seite 147) und den Popa-Stromschnellen, ist vor allem die Gegend um den Liambezi-See ein ökologisches Refugium für Vögel, Reptilien und Großtiere. Auch der Wasserhaushalt des «Landes, wo sich die Flußbetten kreuzen», ist sehr eigenartig. Je nach Jahreszeit und Wasserstand ändert sich die Richtung der Wasserströme; sie fließen abwechselnd in die Kalahari oder über den Sambesi in den Indischen Ozean. Hauptort von Ost-Caprivi ist Katima Mulilo, ein im Bürgerkrieg wichtiger Militärstützpunkt und heute Handels- und Dienstleistungszentrum.

Daan-Viljoen-Wildpark ③. Siehe Natur- und Wildreservate.

Erongo-Vulkan ④. Der Erongo ist mit einem Durchmesser von dreißig bis vierzig Kilometern die größte von einigen sehr alten Vulkanstrukturen der Jura-Kreide-Zeit (vor etwa 120 bis 170 Millionen Jahren), die in ganz Namibia das damalige Auseinanderdriften Afrikas und Südamerikas, den Zerfall des sogenannten «Gondwana»-Kontinents, bezeugen. Berühmt ist das Massiv einerseits wegen seiner bizarren Erosionsformen und Felsüberhängen, andererseits wegen einer überaus großen Mannigfaltigkeit an *San-Felsmalereien*, vor allem bei Ameib und Etemba.

Etosha-Nationalpark ⑤. Siehe Natur- und Wildreservate.

Fischfluß-Canyon ⑥. Er gehört mit seinen über 160 Kilometern Länge und mehr als fünfhundert Metern Tiefe zu den eindrucksvollsten Naturwundern im südlichen Afrika und zu den größten Canyon der Welt. Der Fischfluß selbst entspringt östlich des Naukluft-Gebirges, durchfließt in der Regenzeit das zentrale Hochland, wo er durch den Hardap-Damm aufgestaut wird, und durchschneidet schließlich die 500 bis 550 Millionen Jahre alten kambrischen Nama-Schichten des Huns-Plateaus im Süden Namibias, ehe er in den Oranje mündet. Auf geologisch junge Störungen in der Erdkruste deuten die Thermalquellen bei Ai-Ais (in der Sprache der Nama «sehr heiß») sowie eine Schwefelquelle hin.

Eine drei- bis fünftägige Wanderung in den Monaten von Mai bis August ist sehr empfehlenswert, jedoch anstrengend. Im Canyon selbst ist es tagsüber auch in den Wintermonaten sehr warm. Der 86 Kilometer lange Weg durch das Tal führt abwechselnd über tiefen Sand, grobe Geröllblockhalden sowie schwer begehbare Felsenpflaster und erfordert hohe Konzentration. Dafür bietet er aber auch überwältigende Felsformationen, eine vielfältige *Trockenvegetation* mit blühenden Strohblumen, Euphorbien und Aloen sowie eine reiche *Tierwelt*, von den Fischen in den Kolken und Wasserläu-

Links: Löwen geht es in Namibia prächtig. Die Lebensbedingungen in den Naturparks sind ideal für sie (siehe auch Seite 70 und 71).
Mitte: In der Etosha-Pfanne, allein mit dem weiten Horizont. Der Etosha-Nationalpark ist so riesig, daß man nur wenige andere Touristen trifft.

Rechts oben: Namibias Vogelwelt ist von einer erstaunlichen Vielfalt. Die Strichelracke (links) lebt in Dornbuschsavannen und lockeren Baumbeständen, die Gabelracke (rechts) in Baumsavannen und offenem Gelände.

fen bis zu den unglaublich trittsicher turnenden Pavianen in den Steinbastionen, die einem bisweilen nachts Nahrungsmittel aus dem Rucksack oder Zelt stehlen. Einen grandiosen Blick hinunter in den Canyon erhält man auch schon an den Aussichtspunkten am Ostrand, kurz vor dem Einstieg. Besonders schön ist hier der Sonnenuntergang, wenn die vorspringenden Klingen der Abhänge rotgolden leuchten und die Rinnen im Dunkeln liegen.

Gibeon ⑦. Zur Missionierung von Groß-Namaland gründete der Missionar Knauer von der Rheinischen Missionsgesellschaft 1863 die Station Gibeon. Sie lag direkt bei Kachatsus, dem Sitz des damaligen Nama-Häuptlings Moses Witbooi, und war damit Hauptort der «Hottentotten»-Missionierung, wie die Kapholländischen Siedler des 17. Jahrhunderts sie geringschätzig genannt hatten. Mit der Verlegung der Hauptverkehrswege zwischen Rehoboth, Mariental und Keetmanshoop verlor die Militärschanze der Kolonialzeit ihre Bedeutung und ist heute ein malerisches Dorf am Fischfluß, zu Füßen der alten Missionsgebäude.

Gobabis ⑧. Bereits 1851 entstand in Gobabis am Rand der Kalahari eine Missionsstation. Heute ist der Ort ein bedeutendes landwirtschaftliches Zentrum mit Viehauktionen, tierärztlichen Labors und milchverarbeitender Industrie. Auf vielen Farmen im Umland wird *Karakul-Teppichweberei* betrieben – so benannt nach den Karakulschafen, die die Wolle liefern.

Grootfontein ⑨. Gegründet als Militärstützpunkt an einer ergiebigen Quelle, ist Grootfontein heute Eisenbahnendstation sowie wichtiger Handels- und Umschlagplatz für den dicht bevölkerten Norden Namibias, die nahegelegenen Bergbaubetriebe und die großen Farmen der Umgebung. Die Stadt ist geprägt von Dienstleistungsunternehmen für die Versorgung der Bergbauregion Tsumeb-Otavi-Grootfontein. Aufschluß über die geschichtliche und wirtschaftliche Entwicklung der Region gibt das sehenswerte *Museum* im ehemaligen Fort.

Einige Kilometer westlich der Stadt ist ein nationales Denkmal Namibias zu bewundern: einer der größten *Meteoriten* der Welt. Er besteht zu 80 Prozent aus Eisen. Der damalige Besitzer der Farm Hoba fand ihn 1920 auf dem Gelände seines Anwesens.

Gross Barmen ⑩. Aus einer Tiefe von weit über zweitausend Metern sprudeln stündlich mehr als sechstausend Liter des gesündesten namibischen *Heilwassers*. Natrium-, Fluor- sowie Schwefelverbindungen – wirksame Mineralien gegen Rheuma und Gicht – sind Hauptbestandteile des Wassers an diesem wichtigsten Naherholungsort für die Windhoeker Stadtbevölkerung. Wie viele andere Orte geht auch Gross Barmen auf eine frühe Missionsgründung zurück. Schon 1845 siedelte sich hier der Rheinische Missionar Carl Hugo Hahn an. Die Station, von der heute nur noch der Friedhof und die Ruinen zu sehen sind, wurde bald Anlaufpunkt für die frühen Entdeckungs- und Forschungsreisenden. Bei Stammesrivalitäten oder auch während der Kolonialkriege fanden Friedensgespräche zwischen den kriegsführenden Parteien bevorzugt unter Vermittlung der Barmer Missionare statt. Nach sechzig Jahren kirchlicher Arbeit wurde Gross Barmen, dessen Herero-Name Otjikango lautet, 1904 aufgegeben.

Großer Brukkaros ⑪. Ähnlich dem Erongo ist auch der Große Brukkaros, der sich als weithin sichtbare Landmarke etwa sechshundert Meter über die umliegende Ebene erhebt, kein «echter» Vulkan, auch wenn er so aussieht. Vielmehr ist er ein durch aufsteigende Tiefengesteine, die unterhalb der damaligen Erdoberfläche erkalteten, entstandener harter «Block». Dieser Block trat langsam zutage, als die weicheren Schichten rundherum flächenhaft abgetragen wurden. Über die genauen geologischen Vorgänge um den Brukkaros diskutiert die Wissenschaft noch heute.

Hardap-Stausee ⑫. Seit 1962 staut eine vierzig Meter hohe Mauer den Fischfluß bis zu dreißig Kilometern auf. Neben der Grundlage für eine Bewässerungslandwirtschaft ist der künstliche See reizvolle Basis für die *Erholungsstätte* Hardap, wo vor allem Angler und Vogelkundler auf ihre Kosten kommen. Ein Wildpark lädt zu Tierbeobachtungen fern der großen Reservate ein. Hier kann man sich zu Fuß an Zebras, Antilopen und Strauße heranpirschen.

Das einzige größere *Süßwasseraquarium* Namibias bei der Erholungsstätte Hardap zeigt die große Vielfalt der Fischwelt, die dem Fluß seinen Namen gab.

Kalahari ⑬. Anders als die Namib ist die Kalahari keine Vollwüste mit weiten Dünenmeeren oder unbewohnten Felsplateaus. Wegen der jährlichen Niederschläge, die allerdings in den zumeist sandigen Schichten rasch versickern, hat sich hier vielmehr über riesige Flächen eine monoton wirkende *Trocken- und Dornvegetation* ausgebildet. Heute bewachsene Dünen deuten auf einstmals noch trokkenere Zeiten hin.

Den größten Teil des Kalaharibeckens nimmt der benachbarte Staat Botswana ein, aber auch nahezu der gesamte Ostrand Namibias liegt in seinem Bereich. Während der Regenzeit verwandeln sich große Flächen der sonst so trockenen, lebensfeindlichen Steppen und Savannen in wahre *Blütenmeere*. Das geflügelte Wort von der lebenden Wüste bewahrheitet sich hier stets aufs neue.

Kaokoveld ⑭. Der unerschlossenste und abgelegenste Landstrich im Nordwesten Namibias, Heimstatt der auch heute noch relativ traditionell lebenden und aufgrund ihrer Körperbemalung und kunstvollen Frisuren bekannten Ovahimba, war wegen seiner Unwirtlichkeit selbst während der Kolonialzeit kaum von Europäern besiedelt worden. Als zu trocken und zu unwegsam wurde das riesige, steinige Kaokoveld um den Distrikthauptort Opuwo angesehen.

Heute vermutet man noch einige *Diamantenvorkommen* im Areal südlich des Kunene, in dem von Trockenflüssen durchschnittene, zerklüftete Plateaus die Landschaft beherrschen. Vereinzelt finden sich Mopane-Wälder und mit harten Gräsern begrünte Flächen, die den relativ kleinen und genügsamen Viehherden der Ovahimba als Weide dienen.

1885 erwarb Ludwig Koch, in Walvis Bay ansässiger Agent des Bremer Kaufmanns Adolf Lüderitz, das gesamte Kaokoveld für fünfzig englische Pfund vom damaligen Kapitän des Nama-Stammes der Topnaar, Jan Uichamab. An diesem Beispiel kann leicht nachvollzogen werden, wie einfach es war, mit geringen Mitteln ganze Landstriche zu erwerben.

Karasburg ⑮. Eine wichtige Handels- und Etappenstation im Güter- und Reiseverkehr mit Südafrika ist der kleine Verwaltungsort südlich der Großen und Kleinen Karasberge. Wegen der langen Trockenzeiten ist hier kaum Rinderzucht möglich. Karasburg, das frühere Kalkfontein-Süd, ist eines der Zentren der Karakul- und Merino-Wollschafzucht, des «schwarzen Goldes Südnamibias».

Die umliegenden Karasberge sind reich an *Halbedelsteinen* wie Rosenquarz und Blauem Achat.

Karibib ⑯. Am 1. Juni 1900 erreichte die Eisenbahnbaukolonne von Swakopmund aus den Ort Karibib, der etwa auf halbem Weg nach Windhoek liegt. Dies gilt als Gründungsdatum, obwohl der Bau einiger Gebäude, wie der des noch heute erhaltenen *Bahnhofs* und des *Rösemann-Hauses* (benannt nach dem Kaufmann Gustav Rösemann, der hier eine Handelsfaktorei mit Hotel eröffnete),

Links oben: Blüten eines Kameldorns. – Links unten: Eine Naras-Melone, die Frucht eines Wüstenstrauchs. Das Fruchtfleisch schmeckt süß-sauer, die großen Samenkerne ähnlich wie Haselnuß. – Mitte: Ein prachtvoller alter Kameldorn bei Okahandja. – Rechts Mitte: Eine Fuchsmanguste. Diese tagaktive Art aus der Familie der Schleichkatzen lebt in den trockenen Gebieten Südafrikas. – Rechts unten: Sandrosen. Diese zierlichen Formen entstehen durch die chemische Verbackung von Sand und Gips.

bereits Monate vorher begann. Der Bahnbau verkürzte die Torturen der Anreise mit dem Ochsenkarren von etwa einer Woche auf wenige Stunden. Karibib erfuhr rasches Wachstum durch die Gründung einer Missionsstation 1901 und Eröffnung der Heliographenlinie Karibib-Omaruru-Outjo 1902, einer frühen Form der drahtlosen Nachrichtenübermittlung mittels Lichtsignalapparaten. Morsetelegraphen wurden für das «unbefriedete Land» von der Verwaltung als ungeeignet empfunden, da sie leicht zerstört werden konnten. Heute ist das damalige Kommunikationszentrum Karibib eine kleine, malerische Bahnstation am Übergang der Dornsavanne zur Halbwüste nahe dem Erongo-Massiv. Bedeutend sind auch zahlreiche Halbedelsteinvorkommen in der Umgebung.

Keetmanshoop ⑰. Johann Keetman, Kommerzienrat und Unternehmer aus Barmen, war freigiebiger Gönner der nach ihm benannten, 1860 gegründeten Rheinischen Missionsstation bei der Nama-Siedlung Nugoais. Seit Ende des 18. Jahrhunderts bestand hier schon eine Händlersiedlung, die als Zwartmodder oder Modderfontein in alten Karten verzeichnet ist.

Die heutige «Hauptstadt des Südens», *Touristenstützpunkt* für die sehenswerten Attraktionen Südnamibias wie den *Fischfluß-Canyon*, *Köcherbaumwald*, *Mukurob* oder *Brukkaros*, ist wirtschaftliches Zentrum der Karakul-Schafzucht. Ihr Wahrzeichen ist die 1894 erbaute, gedrungene Steinkirche, die heute ein kleines, aber sehr sehenswertes *Museum* beherbergt. Hier ist fast die gesamte frühe Missions- und Kolonialgeschichte sowie die traditionelle Lebensweise der Ureinwohner und frühen europäischen Siedler anschaulich dokumentiert. Weitere Gebäude im kolonialen Stil befinden sich im Stadtzentrum um das ehemalige Kaiserliche Postamt, dem heutigen touristischen Informationsbüro.

Die Halbwüste um Keetmanshoop ist für Landwirtschaft wegen der Trockenheit weitgehend unrentabel. Unzählige Pflanzenarten mit Wasserspeichern wie Aloen, Speckpflanzen, Lebende Steine und Wolfsmilchgewächse bekunden, daß man sich hier nicht darauf verlassen kann, daß die durchschnittlichen Niederschläge von 150 Millimetern regelmäßig eintreten. Die Bewohner der Stadt beziehen ihr Trinkwasser vom Naute-Damm-Stausee, dem drittgrößten Namibias, aus etwa fünfzig Kilometern Entfernung.

Khomas-Hochland ⑱. Im Mittel über zweitausend Meter hoch, treten hier mit dem Grundgebirge des afrikanischen Sockels in schräg liegenden Schichten einige der ältesten Gebirge der Welt zutage. Darüber liegen der Erosion entgangene Plateaureste, wie der mehr als 2500 Meter hohe *Gamsberg.* Die starke Zertalung schuf regelrechte Labyrinthsysteme von Schluchten. Auffallend ist auch die Gehölzarmut, weswegen *Webervögelkolonien* ihre aus Gräsern geflochtenen Sammelnester nur an die Telefonmasten entlang der Schotterstraßen bauen konnten. So beherbergt jeder Mast eine Familie, und man kann den Verlauf der kurvenreichen Verkehrswege leicht anhand der Nester verfolgen.

Das Khomas-Hochland gehört wegen seines gesünderen Klimas zu den am frühesten besiedelten Regionen Namibias und den ersten Gebieten mit Großfarmwirtschaft.

Khorixas ⑲. «Offenes Wasser» vermerkten die ersten genauen Karten des Landes an einem Ort, den die Einheimischen Chorichas nannten. Weil in seiner Umgebung zahlreiche junge Welwitschiamirabilis-Pflanzen vorkamen, hieß er bei den Europäern auch «Welwitschia». Heute hat Khorixas vom nördlich gelegenen Franzfontein die Verwaltungsfunktion für das Damaraland übernommen und ist touristischer Ausgangspunkt zu dessen Sehenswürdigkeiten (Versteinerter Wald, Felskunst bei Twyfelfontein, Verbrannter Berg, Ugab-Tal, Brandberg).

Köcherbaumwald ⑳. «Weder richtige Bäume, noch ein Wald» mag denken, wer diese weltweit größte Ansammlung von *Baumaloen* auf der Farm Gariganus nahe Keetmanshoop betrachtet. Doch derart eigentümliche, gelb blühende Gewächse in dieser Menge verleihen der Steppenlandschaft einen außergewöhnlichen, ja einmaligen Charakter. Sie sind zu einem nationalen Symbol Namibias geworden.

Seinen Namen hat der bis zu zehn Meter hoch wachsende Köcherbaum (botanisch Aloe dichotoma) von einem Brauch der San: Sie schnitzten aus seiner Rinde Köcher für ihre Pfeile. Eine weitere, allerdings einzeln stehende, noch höhere Aloenart wächst nur im Süden des Lüderitz-Distrikts.

Kolmanskop ㉑. Bahnarbeiter fanden bei Kolmanskop, 15 Kilometer landeinwärts, die kostbaren ersten *Diamanten*, und ein Beamter, August Stauch, meldete daraufhin die Schürfrechte an. 1930 wurde die Mine geschlossen und der Abbau eingestellt. Nachdem Kolmanskop einige Jahre zu den reichsten Siedlungen Afrikas mit allen Annehmlichkeiten des Lebens – bis hin zum Casino – gehört hatte, verebbte der Diamantenrausch, um anderswo neu aufzuflackern. Die Bewohner verließen den Ort, und die Wüste holte ihn sich nach und nach zurück: Sand drang in Häuser ein, scheuerte Mauern durch und ließ Fensterscheiben erblinden.

Kuisebtal ⑱. Einer der markantesten Einschnitte in das Khomas-Hochland ist der *Kuiseb-Canyon* mit seinem verwirrenden System von Neben- und Seitentälern, das im Zweiten Weltkrieg den beiden Geologen Hermann Korn und Henno Martin Schutz vor Verfolgung bot. Auf eine der Schlupfhöhlen weist eine Gedenktafel hin.

Am Mittel- und Unterlauf bildet das Tal des Kuiseb eine deutliche Grenze zwischen der Dünen-Namib im Süden und der Felsenflächen-Namib an seinem Nordufer. Nur sehr selten, nach extrem starken Regenfällen im Hochland, erreicht sein Wasser das Meer, aber sein Grundwasserstrom wird bei Rooibank in der Namib angezapft und dient der Versorgung der Küstenstädte und der Rössing-Mine (Uranbergbau).

Lüderitz ㉑. Angra Pequena nannte der Seefahrer Bartolomëu Diaz 1488 einen der wenigen natürlichen Häfen an der sandigen Küste der Namib, wo er eines der üblichen Steinkreuze errichten ließ, die die Weltherrschaft Portugals demonstrieren sollten. Knapp vier Jahrhunderte später – kein Europäer hatte bisher von der ungastlichen Bucht Besitz ergriffen – reiste Heinrich Vogelsang im Auftrag des Kaufmanns Adolf Lüderitz über Angra Pequena nach Bethanien, dem damaligen Missionshauptsitz, etwa zweihundert Kilometer landeinwärts, um dort Kaufgespräche zu führen. Er erwarb den nun Lüderitzbucht genannten Hafen und später einen 150 Kilometer breiten Landstreifen vom Oranje von dem Bethanier Nama-Häuptling Josef Frederik für insgesamt sechshundert Pfund Sterling in Gold und 260 Gewehre. Nach Streitigkeiten mit der englischen Verwaltung des Kaplandes wurde das Gebiet 1884 unter deutsche Schutzherrschaft gestellt. Diese Vergangenheit ist heute in Lüderitz angesichts der zahlreichen Gebäude im deutsch-kolonialen Stil immer noch allgegenwärtig. Villen, Handelshäuser, Bahnhof, Postamt, Rathaus, Turnhalle, ehemaliges Bezirksgericht und Felsenkirche sind Bauten einer Blütezeit, die 1908 mit der Eröffnung der Bahnlinie nach Keetmanshoop und den ersten Diamantenfunden begann. Die Ortsgeschichte ist im *Museum* am Hafen sehr informativ dargestellt.

Nördlich von Lüderitz, das mit der Einstellung des Bergbaus sein Hinterland verlor, befindet sich der *Achatstrand*, wo die bunten Halbedelsteine, aber auch Sandrosen besonders häufig vorkommen. Wenige hundert Meter von der Küste entfernt, liegen im kalten Atlantik einige kleine sandige Inseln mit Vogel- und Robbenkolonien.

Mahango ㉒. Siehe Natur- und Wildreservate.

Mariental ㉓. Traurige Berühmtheit erlangte der bis dahin unbedeutende Ort, als am 4. Oktober 1904 der Bezirksamtmann von Burgsdorff, Statthalter der deutschen Kolonialverwaltung, erschossen wurde und die blutigen Auseinandersetzungen zwischen Einheimischen und ausländischer Macht begannen. Ab 1912 wurde der Ort, auf halbem Weg zwischen Windhoek und Keetmanshoop am Fischfluß gelegen, Wassertankstation für Dampflokomotiven. Heute ist Mariental ein reges Handels- und Verwaltungszentrum für die Farmen und touristischen Einrichtungen der Umgebung. Der nahe *Hardap-Stausee* ermöglicht das ganze Jahr über eine Versorgung mit Frischgemüse, das direkt am Fluß in großflächigem Bewässerungsbau angepflanzt wird.

Namib-Wüste ㉔. Nur in der Wüste wird das steinerne Skelett der Landschaft deutlich sichtbar, was durchaus unterschiedliche menschliche Reaktionen hervorruft: Der eine steht voller Entsetzen vor der weiten, sandigen Leere, während der andere Gefallen an der pastellfarbenen Ruhe der Namib, an den spärlichen und ausgefallenen Lebensformen findet. Kaum eine andere Landschaft des Landes, dem die Wüste Namib ihren Namen gab, vermag den Besucher derart in ihren Bann zu ziehen, in ihm unstillbares Interesse an den Hintergründen solcher Szenarien zu wecken.

Über das Alter der Namib streiten sich die Geologen. Fest steht, daß sie wegen konstanter klimatischer Bedingungen über mehrere Millionen Jahre und wegen zahlreicher, nur hier vorkommender Tier- und Pflanzenarten wesentlich älter sein muß als die Sahara. Auch die Namib erlebte feuchtere und trockenere Phasen, wie etwa die steingewordenen *Dünen* bei Solitaire oder die *Felsbilder* an den Gebirgen bezeugen. In den regenreicheren Phasen gab es eine dichtere Pflanzendecke und stärkere Besiedlung. Vor allem die

Fortsetzung Seite 147

Die Geisterstadt Kolmanskop versinkt allmählich im Wüstensand. 1908 wurde in der Nähe bei Bahnarbeiten der erste große Diamant Namibias gefunden. Bis 1930 wurden hier Diamanten abgebaut. 1956 verließ der letzte Einwohner Kolmanskop.

Nächste Doppelseite: Die Diamantenmine Elisabeth-Bucht bei Lüderitz. Die Ruinen erzählen vom Leben im Diamantenrausch der Jahrhundertwende.

Der Jugendstilbahnhof in Lüderitz. Die Stadt wurde 1883 als erste deutsche Siedlung in Namibia gegründet. Fischerei und Diamantenminen haben die Stadt reich gemacht. Heute ist Lüderitz ein attraktiver Ferienort.

Auf der Bismarckstraße in Lüderitz. Zur Hundertjahrfeier der Stadt 1983 wurden viele historische Bauten sorgfältig restauriert. Die Geschäfte in Lüderitz tragen oft noch deutsche Namen.

Das Goerke-Haus in Lüderitz. Inmitten von blankem Fels und kahler Dünenwüste wurden hier um die Jahrhundertwende prachtvolle Villen und Handelshäuser im deutsch-kolonialen Stil errichtet.

Nächste Doppelseite: Der Fischfluß-Canyon, Höhepunkt jeder Namibia-Reise. Auf der Suche nach dem Meer scheint sich der Fischfluß im Labyrinth seiner Windungen fast verirrt zu haben.

Ein Köcherbaum. Ein ungewöhnlich dichter Bestand von dreihundert Bäumen bildet bei Keetmanshoop einen der eigenartigsten Wälder der Welt.

Ein Siedelwebernest. Der sperlingsähnliche Vogel brütet in einem großen Gemeinschaftsnest, dessen Dach zuerst von mehreren Vögeln errichtet wird. Darunter bauen dann die Paare ihre Einzelnester, deren Eingänge nur von unten sichtbar sind. Die Gemeinschaftsnester werden oft über Jahrzehnte hinweg benutzt.

Die Wüste am Fischfluß-Canyon blüht. Pflanzen können hier überleben, da im Schutz der Nacht feuchte Nebel in das Felsental des Canyons ziehen.

Nächste Doppelseite: Im Köcherbaumwald. Wie bizzare Skulpturen ragen die Bäume in den Abendhimmel.

Am Sesriem-Canyon. Die Weite des Blicks und die Schattenkonturen der Felsen lassen eine Morgenstimmung von melancholischer Schönheit entstehen.

ständigen ablandigen Winde aus der heißen Kalahari und der kalte Benguela-Strom vor der Küste, der Niederschläge über Land verhindert, werden für die außergewöhnliche Trockenheit verantwortlich gemacht. Ein heftiger Südwestwind bringt kalte Nebel in die Küstenzone.

Nur wenige, sehr selten wasserführende Flußbetten durchqueren die Namib – im sandigen Dünenbereich südlich des Kuiseb gelingt es keinem Gewässer, den Ozean überhaupt zu erreichen. Nördlich breiten sich weite Geröllflächen mit schroffen Schichtstufen sowie Inselbergen aus, und die Flüsse führen nur in manchen Jahren Wasser. Ihr Grundwasserstrom läßt dennoch entlang der Ufer Bäume und Büsche gedeihen, die sich wie grüne Bänder durch die Wüste ziehen. Ansonsten leben Flora und Fauna hauptsächlich von den Nebelschwaden, die an etwa hundert Tagen im Jahr bis fünfzig Kilometer vom Meer heraufziehen. Im Pflanzenschatten bzw. in kleinen Bodenunebenheiten reicht das kondensierte Wasser aus, damit die Pflanzen einige Früchte entwickeln. Spezialist für ein Überleben unter solchen Bedingungen ist die Welwitschia mirabilis («Wunderbare Welwitschia»), benannt nach dem Botaniker Friedrich Welwitsch, der sie 1859 wissenschaftlich einordnete. Nur zwei Blätter bildet die bis zu zweitausend Jahre alt werdende Pflanze aus ihrem kurzen Stumpf, die allerdings – vom Wind zerfranst – mannigfach aufgespalten werden. Die Welwitschia repräsentiert als «lebendes Fossil» ein früheres Evolutionsstadium und kommt nur in der Kieswüste nördlich des Kuiseb bis nach Süd-Angola vor. Das macht sie zu einem Wahrzeichen der Namib.

Natur- und Wildreservate. Namibia bietet für alle naturverbundenen Menschen etwas. Über hundert, zum großen Teil angelegte Wasserlöcher erhalten der reichen Tierwelt des berühmten namibischen Wildreservats, des **Etosha-Nationalparks** ⑤, die Lebensgrundlage. Sein Zentrum bildet die aus mehreren sogenannten Endpfannen in einem abflußlosen Gebiet zusammengewachsene große **Etosha-Pfanne** ㉕, eine Salzwüste, die nur in wenigen Jahren von Wasser bedeckt ist. Um diesen salzigen Trockensee herum gruppieren sich mehrere Vegetationsformationen der Savanne, Lebensraum für unzählige Großtiere. In dichter Abfolge sorgen hier Trockenwälder, Baumsavannen, offene Süßgrasflächen mit großen Gnu-, Zebra-, Kudu- und Springbockherden, Strauchsavannen sowie salzliebende Wiesen am Pfannenrand für stetige Abwechslung. Nahrung für die Phantasie bietet der Geister- oder Märchenwald, eine weltweit einzigartige Ansammlung von Moringa-Bäumen (Moringa ovalifolia), wegen ihres gedrungenen, wulstigen Aussehens auch «Speckbäume» genannt.

Gegründet wurde der Nationalpark bereits 1907, um als Landreserve für eine spätere Besiedlung sowie als Lizenzjagdrevier zu dienen. Damals reichte er allerdings bis zur Skelettküste im Westen und zum Kunene im Norden, umfaßte also das gesamte Kaokoveld und das heutige Ovamboland. Dies ermöglichte eine freie, ungestörte Wanderung der Tierherden, erleichterte aber wegen fehlender Kontrollmöglichkeiten auch die Wilderei. Die Begrenzung des Parks erfolgte im Rahmen der Heimatlandpolitik unter südafrikanischer Verwaltung nach dem Zweiten Weltkrieg.

Von den vier Touristensiedlungen *Otjovasondu* ㉖, *Okaukuejo* ㉗, *Halali* ㉘ und *Namutoni* ㉙ ist letztere am geschichtsträchtigsten. Fort Namutoni am Ostrand der Pfanne war nördlichster Wachposten an der Grenze zu Ovamboland und Schauplatz blutiger Auseinandersetzungen in den Kolonialkriegen.

Als «Etosha im Kleinen», allerdings ohne die großen Raubtiere, könnte man das beliebte Naherholungsziel der Windhoeker, den **Daan-Viljoen-Wildpark** ③, bezeichnen. Auch hier gibt es Antilopen- und Zebraherden, Strauße, Wasservögel und Paviane. Mehrere unterschiedlich lange Rundwege bieten, anders als Etosha, die außergewöhnliche Möglichkeit, die Natur gefahrlos zu Fuß zu erkunden. Ähnlich verhält es sich im etwas größeren **Hardap-Damm-Wildpark** ⑫ bei Mariental. Pflanzen- und Tierwelt eines reinen, noch weitgehend unveränderten und auch von Antilopen, Giraffen und Elefanten kaum zerstörten Trockenwaldes sind besonders im **Kaudom-Park** ㉚, der nördlich an das *Buschmannland* angrenzt, zu beobachten. Hier ist das naturverbundene Wildbeuterleben der San noch am ehesten nachzuvollziehen, denn viele ihrer traditionellen Nahrungsmittel, wie der Mongongo- oder Mangettibaum mit seiner nußartigen Kernfrucht oder die Schoten des Seringa-Baumes, kommen in Namibia fast nur noch hier vor. Auch der Wildbestand ist, obzwar schwer zu entdecken, ungewöhnlich reichhaltig. Besonders die Trockenflüsse mit ihren dichten Galeriewäldern und den lange stehenden Wasserpfützen bieten dem Wild sowie unzähligen Insekten Schutz und Lebensraum. Es ist sicher nicht falsch, den Kaudom als lebendes Museum zu bezeichnen.

Krokodile im Papyrusdickicht, Affenbrotbäume, schnaubend badende Flußpferde, Reihervögel und Tsetsefliegen zeigen im **Mahango-Tierpark** ㉒, über zehn Kilometer am Wasser gelegen, die Nähe zum Okavango-Delta in Botswana an. Zwar ist der Mahango nur eine Miniaturausgabe des berühmten Feuchtgebiets inmitten der Kalahari, jedoch zeigt er gewissermaßen konzentriert das Leben in Afrikas «letztem Paradies», dem «Meer im Land», wie man das Okavango-Delta auch bezeichnet. Eine vergleichbare Szenerie bietet sich im 1991 gegründeten, noch unerschlossenen **Mamili-Reservat** ㉛ am Linyanti-Knie.

Militärisches Aufmarschgebiet der südafrikanischen Armee im Krieg gegen die namibische Befreiungsbewegung SWAPO war der 1968 ausgewiesene **West-Caprivi-Wildpark** ㉜ mit seiner teilweise schwer zu durchdringenden dichten Trockenbusch- und Waldvegetation. Besonders beeindruckend sind die mächtigen *Affenbrotbäume*, jene als «Wasserspeicher der Savanne» so charakteristischen, skurrilen Gewächse.

Das wohl größte zusammenhängende Naturschutzgebiet Afrikas, der etwa fünf Millionen Hektar große **Namib-Naukluft-Park** ㉝, umfaßt beinahe die gesamte Dünen-Namib mit der sandigen Küste, den Namib-Wüstenpark zwischen Kuiseb und Swakop sowie das bis zweitausend Meter hohe Naukluft-Gebirge, einen Teil der namibischen Randstufe. In der Naukluft entspringen neben einigen Quellen, die Wasser für kleine Tümpel und malerische *Wasserfälle* liefern, die Namib-Trockenflußbetten Tsondab und Tsauchab. Das von kurzen Tälern tief zerklüftete Massiv zeigt auf seinen Hochflächen typische Halbwüstenpflanzen und wird von zum Teil sehr aggressiven Pavianherden durchstreift, die Campern bisweilen schon die Autoscheiben einschlugen, weil sie Nahrungsmittel im Wagen entdeckten. Neben einigen Antilopen und den scheuen Hartmann-Bergzebras gibt es in der Naukluft auch Leoparden, Schakale, Erdwölfe und Giftschlangen. Natürliche Nistplätze in Steilwänden und Höhlen, aber auch die Wasservorkommen mit ihrem Insektenreichtum zogen eine für Namibia ungewöhnliche Vogelvielfalt an, bis hin zu den großen Raubvögeln Geier, Falken und Adler. Auch Fledermäuse fühlen sich hier heimisch. *Steinzeitliche Fundstücke* weisen auf eine frühe Besiedlung des klimatisch begünstigten Gebirges hin. 1894 war es letzte Fluchtburg der von der deutschen Schutztruppe verfolgten Witbooi-Nama.

Der **Namib-Wüstenpark** ㉞ mit seinen endlosen, inselbergüberragten Flächen – an einer Stelle auch «Mondlandschaft» genannt – enthält alle typischen Arten der Namib-Rückzugsflora und -fauna, wie bestimmte Flechten, die Welwitschia, Geckos, Spinnen oder Seitenwinder-Vipern. Hinweisschilder machen den Park, der nach Regen ein unerwartet grünes Aussehen annimmt, zum «lebenden Museum».

Die gesamte Küste Namibias nördlich von Swakopmund wird auf einer Breite von dreißig bis vierzig Kilometern von zwei Naturreservaten eingenommen. Das **Nationale Touristenerholungsgebiet Westküste** ㉟ umfaßt die öde und eintönig wirkende Flächen-Namib bis zur Ugab-Mündung mit diversen sehr ergiebigen Angel-

plätzen, Vogelbeobachtungsstellen sowie dem **Robbenreservat** am Kreuzkap. Dort errichtete der erste europäische Seefahrer, Diego Cão, 1486 eines der portugiesischen Padrão-Steinkreuze als Symbol des Machtanspruchs seiner Nation. Der Strandbereich ist geradezu durchsetzt von unzähligen steinernen Sandrosen.

Totenkopfsignaturen markieren den Eingang zum anschließenden **Skelettküstenpark** ㊱, der auch das ehemalige Kaokogebiet 2 umfaßt und vom Ugab zum Kunene reicht. Geprägt wird der Park zum einen von seinen bis ins Meer reichenden *Dünenfeldern*, wo Licht und Schatten ein merkwürdiges Spiel treiben, zum anderen durch eine beinahe unwirkliche, nur bisweilen von dem Brausen des Windes unterbrochene Stille. Eben diese gelegentlichen Stürme vor der Küste des wasserlosen Landes waren für den Namen der Skelettküste mitverantwortlich: Zahllose Flugzeug- oder Schiffswracks zeugen davon. Walfisch-, Säugetier-, bisweilen auch sonnengebleichte Menschenknochen künden vom grausamen Tod durch Verdursten. Wenige *Robbenkolonien*, vor allem am Kap Frio, und grüne Flecken nahe den Trockenflußbettmündungen bringen etwas Leben in den sonst vom Verderben geprägten Landstrich.

Weniger wegen seiner reizvollen Naturlandschaft, als vielmehr aufgrund der vernichtenden Niederlage der Herero bei der Schlacht am Waterberg im Jahre 1904 erlangte der später gegründete **Waterberg-Plateaupark** ㊲ traurige Berühmtheit. Die Herero wurden zersprengt und in das wasserlose Omaheke-Sandveld getrieben, wo die meisten samt ihren Herden verdursteten. Da das Plateau bis 1970 als Farmland genutzt wurde, war die natürliche Vegetation stark geschädigt worden und der Wildbestand weitgehend verschwunden. In dem 1972 gegründeten Park mußten Großtiere wie Büffel, Nashörner, Giraffen, Antilopen, Leoparden und Geparden aus anderen Gegenden angesiedelt werden, um ein neues, quasi-natürliches Gleichgewicht wiederherzustellen. Landschaftlich ist der Waterberg als etwa dreihundert Meter über der Ebene liegender Tafelberg mit seinen Steilwänden ein markantes Wahrzeichen der Region. Seinen Namen «Wasserberg» erhielt er, weil eine wasserundurchlässige Gesteinsschicht an seiner Basis einige ergiebige Quellen austreten läßt.

Okahandja ⑩. Am nahen Waterberg erlitten die Herero im August 1904 jene schwere Niederlage im Kampf gegen die Kolonialmacht. So treffen sie sich in diesem Dorf, dem alten Stammessitz, wo ihre großen Häuptlinge und auch der Nama Jonker Afrikaner begraben wurden, alljährlich an einem Augustsonntag zum traditionellen *Hererotag*, um ihre Toten zu ehren. Dieses farbenprächtige Spektakel ist einer der Höhepunkte im namibischen Festtagskalender. *Missionshaus* und *Kirche* von 1870 zeugen von den frühen Christianisierungsversuchen, der deutsche Reiterhof von kolonialem Frohsinn.

Bei Okahandja staut der Sartorius-von-Bach-Damm den oberen Swakop. Die Umgebung des Stausees, aus dem noch Hügelkuppen, die reinsten Vogelparadiese, herausragen, ist Wildschutzgebiet.

Oranjemund ㊳. Der Ort ist eine reine Bergbaustadt, an der Mündung des Oranje-Flusses gelegen. In der Umgebung befindet sich das wichtigste Diamantenabbaugebiet Namibias.

In der Oranje-Mündung ertranken vermutlich der Kolonialgründer Adolf Lüderitz und sein Gefährte, als sie am 22. Oktober 1886 mit ihrem Segeltuchboot kenterten.

Otavi ㊴. Nahe dem Eisenbahnerort, der heute im Schatten von Grootfontein und Tsumeb steht, erinnert ein Gedenkstein an die Kapitulation der kaiserlichen Schutztruppe am 9. Juli 1915. Bei Khorab, am Kilometerstein 500 der Bahnlinie, übergaben Gouverneur Seitz und Kommandeur Franke Waffen und allen staatlichen Besitz an den Buren-General Botha – der Beginn der südafrikani-

Linke Seite: Die «Rocky Mountains», eine markante Felsformation an der Skelettküste.

Rechte Seite: In einem Dorf bei Opuwo. Das Hirtenvolk der Ovahimba hat als einziger Herero-Stamm bis heute seine traditionelle Lebensweise weitgehend beibehalten. Die Ovahimba-Frauen tragen aufwendig gearbeiteten Schmuck: Fuß- und Armreife, Anhänger und Ketten (siehe auch Seite 38 bis 45).

Oben: Herero-Frauen in Opuwo.

Unten links: Ein Ovambo in Karibib. Die Ovambo leben hauptsächlich vom Ackerbau, arbeiten aber auch in den Kupfer- und Diamantenminen.

Unten rechts: Ein Arbeiter der Diamantenmine Elisabeth-Bucht.

Rechte Seite: Bei Lüderitz. Die Bucht, an der 1883 die Stadt gegründet wurde, ist der einzige natürliche Hafen der südlichen Namib-Küste.

schen Besatzungszeit in Namibia. Otavi selbst liegt zentral im Bergland des Karstveldes, einer Region, die von Erdfällen und Höhlen durchzogen ist. Die interessantesten *Höhlen* befinden sich bei Ghaub und enthalten einige *Felsmalereien.*

Otjimbingue (40). Als bereits vor 1850 gegründeter alter Missionssitz auf dem zentralen Hochland war das heute bedeutungslose Dorf Station und Ausgangspunkt aller frühen Handels- oder Forschungsreisen, von 1885 bis 1891 Sitz der Kolonialverwaltung und damit erste eigentliche «Hauptstadt Namibias». Seit der Verlegung des Verwaltungssitzes nach Windhoek und dem Bau der Bahnlinie hat sich Otjimbingue kaum verändert. Ein *Friedhof* mit Grabinschriften in Nama, Herero und Deutsch, die *Missionskirche* von 1867 oder der alte *Pulverturm*, der als Munitions- und Warenlager allen Angriffen standhielt, erinnern an die wechselvolle Geschichte. 1888 wurde hier das erste Postamt Namibias eingerichtet, und hier steht auch das älteste der bis heute für Namibia so charakteristischen *Windräder* für den Brunnenantrieb, das von einem Kaufmann im Jahre 1896 erbaut worden war.

Otjiwarongo (41). Die im Zentrum sehr aufgeräumt wirkende Stadt mit ihren Vorgärten, Zypressen und violettblühenden Bougainvilleen, den sauber gestrichenen Villen und gepflegten Trottoirs täuscht über die tatsächliche Bevölkerungsstruktur hinweg. Der ärmere Teil der Bevölkerung lebt in planmäßig angelegten, einfachen Townships westlich des «Ortes mit guter Viehweide», wie ihn die Herero nannten. In Otjiwarongo gibt es die einzige *Krokodilfarm* Namibias. Ansonsten können die urtümlichen Echsen nur in den nördlichen Grenzflüssen beobachtet werden, wenn auch ihre früheren Verwandten schon in älteren Erdzeiten die Gegend beherrschten, wie ihre *fossilen Fußabdrücke* (Dinosaurierspuren) beim nahen Kalkfeld und am Waterberg belegen.

Ovamboland (42). Ganz im Gegensatz zur Zone der Großfarmen im mittleren Namibia überwiegt im Norden kleinbäuerlicher Anbau auf Gemeindeland. Dies wird am deutlichsten an den fehlenden Zäunen und Einfriedungen. Während der Rest Namibias in Farmen unterteilt ist und diese wiederum in sogenannte Camps, gibt es hier nur einen Zaun – rund um das Ovamboland. Auf zahllosen bunten Märkten handelt man hier alle Gebrauchsgegenstände des täglichen Bedarfs. Hier hatte die SWAPO ihr Operationsgebiet. Nahezu die Hälfte der namibischen Bevölkerung lebt in diesem «Kunstland», das nach südafrikanischen Plänen geschaffen wurde. Die Hauptstadt Oshakati, inmitten eines Gartengürtels gelegen, ist Verwaltungszentrum für die Entwicklung der zur Kolonialzeit vernachlässigten Region. Traditionelles Fortbewegungsmittel ist nach wie vor der Ochsenschlitten, dessen Fahrspur sich oft neben den sandigen Straßen im Ovamboland hinzieht.

Rehoboth (43). Um 1870 pachteten die aus der Kapregion zugewanderten Baster von den Nama das Weideland um die *Thermalquelle Anhes* (in der Namasprache «Rauch»). Nach dem endgültigen Erwerb errichteten sie eine autonome Republik und verwalten sie seither eigenständig. Architektonisches Zentrum der heute zweitgrößten namibischen Stadt ist die 1907 errichtete Paulus-Kirche und das *Museum* im Haus des ehemaligen Postmeisters, das eine Fülle natur- und kulturgeschichtlicher Ausstellungsstücke des Basterlandes zeigt. Großer Beliebtheit bei der Bevölkerung des Hochlandes erfreut sich das *Thermalbad Reho Spa* mit seinem Erholungsgelände.

Ruacana-Fälle (44). Mit unglaublichem Getöse stürzt sich der breite Kunene, in einen milchigen Tröpfchenschleier gehüllt, von Felsspornen in mehrere Rinnen aufgespalten, 110 Meter zu Tal. Erst ein einziges Mal ist es gelungen, mit einem Boot die brausenden

Wasser in der engen Schlucht zwischen Ruacana und dem unteren Kunene zu befahren. Die hohe Luftfeuchtigkeit durch die aufgewirbelten Wassermassen läßt die Savanne auch während mancher Monate der Trockenzeit ungewöhnlich grün erscheinen. Seit 1980 ist das Wasserkraftwerk bei Ruacana Hauptlieferant für die namibische Stromversorgung. Bei Niedrigwasser muß allerdings Energie aus Südafrika importiert werden.

Rundu ㊺. Die ehemalige Garnisons- und Grenzstadt zu Angola am majestätisch dahinfließenden Kavango ist Ausgangspunkt und Etappenstation für Reisen in den Caprivi-Streifen. Zahlreiche Krokodile lassen eine Annäherung an den Fluß jedoch wenig attraktiv erscheinen. Die Stromschnellen der malerischen *Popa-Fälle* etwas weiter westlich laden eher zu einem Bad ein.

Schloß Duwisib ㊻. Eine echte Kuriosität – am Rande der Namib gelegen – ist die ehemalige Trutzburg des deutschen Schutztruppenoffiziers Hansheinrich von Wolf. Erbaut aus dem rötlichen Sandstein der Umgegend und ebenso prächtig wie aufwendig ausgestattet mit Kellern, Ballustraden, Sälen und Kaminen, beherbergt es nun eine Möbel- und Gemäldesammlung stattlichen Ausmaßes.

In der Namib leben heute über zweihundert *Wildpferde*, die vermutlich von entlaufenen Zuchttieren aus Duwisib abstammen.

Sesriem-Canyon ㊼. Eine dreißig Meter tiefe Klamm haben die hin und wieder auftretenden Fluten des Tsauchab-Trockenflußbettes in die Geröllablagerungen vor den Namib-Dünenfeldern gefräst. Die rundlichen, kolkigen Formen der Canyon-Wände und der Felstürme verändern sich mit jeder neuen Flut.

Skelettküstenpark ㊱. Siehe Natur- und Wildreservate.

Sossusvlei ㊽. Etwa sechzig Kilometer vor der Küste endet der Tsauchab-Trockenfluß in einer großen Tonpfanne (Vlei), umgeben von den wohl *höchsten Dünen der Welt.* Die charakteristische rötliche Farbe der Dünen rührt von dem hohen Anteil an Granaten im Sand her. Diese Granate kommen in den Gesteinen der Randstufe, vor allem der Naukluft, in deutlich sichtbaren, meist etwa stecknadelkopfgroßen Kristallen vor. In den wenigen feuchten Jahren, in denen das Vlei mit Wasser gefüllt ist, finden sich selbst Flamingos zur Tränke ein; die tiefen Trockenrisse im Boden in regenarmen Jahren lassen dies kaum vermuten. Nur im Flußbett selbst können sich einige Akazien halten.

Ein ähnliches Schauspiel bietet das nur schwer zugängliche *Tsondabvlei.* Die Endpfanne des Tsondab ist ein Rückzugsgebiet für die artenreiche Namib-Tierwelt.

Spitzkoppe ㊾. Namibias «Matterhorn» ist ein markanter Inselberg in der Flächen-Namib mit einer dem Erongo vergleichbaren Entstehungsgeschichte. Wie am Brandberg gibt es auch hier berühmte *San-Felsmalereien*, die auf frühe Besiedlung hindeuten. Die meisten finden sich an einem Ort namens «Buschmannparadies», wo in den klobig-rundlichen Granitfelsen einige Höhlen versteckt sind.

Swakopmund ㊿. Die britische Annexion der Walvis Bay, des einzigen günstigen Hochseehafens an der Namib-Küste, schuf eine für die deutsche Kolonialverwaltung «unmögliche Abhängigkeitssituation». In direkter Konkurrenz zum britischen wurde ein deutscher Hafen an der Mündung des Swakop gegründet, von den Herero ihrerzeit Otjozondji («Platz der Schnecken») benannt. Vor dem Bau einer Pier mußten die Schiffe wegen der stürmischen See mit Hilfe von Brandungsbooten be- und entladen werden, was immer wieder Menschenleben kostete. Von hier aus führte zu-

Links: Uhrenturm in Windhoek, Independence Avenue. Der altfränkisch anmutende Turm wurde erst vor wenigen Jahren errichtet.
Mitte: Klein-Windhoek. Die grünen Hänge dieses Ortsteils von Windhoek bieten reizvolle Wohnlagen.

nächst die Ochsenkarrenroute, der sogenannte Baai-Weg, später dann die Eisenbahn ins Landesinnere. Im Ortskern von Swakopmund kann man leicht nachvollziehen, warum sie als «deutscheste aller deutschen Städte» bezeichnet wurde. Die koloniale Innenstadt ist nahezu komplett erhalten. Neo-Rokoko-Schnörkel am *Bahnhof*, die wilhelminische Architektur des *Hohenzollern-Hauses*, koloniale Stilelemente am *Alten Amtsgericht*, dem *Woermann-Haus* oder dem *Prinzessin-Rupprecht-Heim* sowie die wohl einzige *Original-Litfaßsäule* Namibias sprechen für sich. Hier fühlt man sich in das alte «Südwest» zurückversetzt. Wahrzeichen der Stadt sind vor allem der *Pier* («Jetty») und der rot-weiße, über zwanzig Meter hohe *Leuchtturm*. Das *Museum* am Hafen zeigt von der Kutsche des letzten deutschen Gouverneurs bis zum Kleingeld der Schutztruppsoldaten die gesamte Kolonialgeschichte, aber auch die seltsamen naturhistorischen Eigenheiten der Namib. Etwa siebzig Kilometer östlich von Swakopmund befinden sich die Rössing-Mine, wo im Tagebau Uran gefördert wird, und die Bergbausiedlung Arandis.

Tsumeb (39). Das Stadtbild von dem Otjovisume («Ort der Frösche») der Herero wird geprägt von den Förderanlagen der weltberühmten *Mine*. Etwas abgelegen in der Savanne befindet sich die Verhüttungsanlage, wo aus dem Erz des Schachtes Blei und Kupfer sowie etwas Arsen und Kadmium gewonnen werden. Die Rentabilität läßt inzwischen stark nach, weshalb in der näheren Umgebung (vor allem bei Kombat) andere Vorkommen erschlossen werden.

Tsumeb ist mit seinen über zweihundert verschiedenen Mineralien die mannigfaltigste Mine der Welt. Einige einzigartige Minerale enthält das kleine *Museum* in der ehemaligen Privatschule.

Wasser bekommt die blühende Gartenstadt Nord-Namibias aus dem Guinas- und dem Otjikoto-Dolinensee, die jeweils nur dort gefundene Fischarten beherbergen. Die verträumten Seen liegen zwischen Tsumeb und Etosha.

Tsumkwe (51). Der Hauptort des *Buschmannlandes*, wo die San ansässig gemacht werden sollten, ist nicht mehr als ein Hüttendorf, in dem der Kulturwandel bei den letzten Wildbeutern afrikanischer Trockengebiete beobachtet werden kann.

Twyfelfontein (52). Von einem Jagdparadies früherer Zeiten zeugt die einzigartig hohe Anzahl von *Felsgravuren* auf der Farm mit der «zweifelhaften Quelle». Antilopenherden, Löwen, Elefanten, Giraffen, Strauße und Nashörner wurden eingemeißelt, wo heute der Wind Dornbüsche über vertrocknete Horstgräser weht. Die Fundstelle gleicht einem Trümmerfeld: zahllose Sandsteintafeln, über und über mit Tier-, Spuren- und Symboldarstellungen versehen, sind den Abhang herabgestürzt. Niemand kennt das Alter der Gravuren und Malereien unter den Felsüberhängen. Jungsteinzeitliche *Werkzeugfunde* deuten auf ein teilweise hohes Alter hin. Doch wann endete hier die Jungsteinzeit?

Ugab-Tal (53). Der landschaftlich schönste Teil des über vierhundert Kilometer langen, überaus vielfältigen, zumeist sehr breiten Ugab-Tals befindet sich zwischen Khorixas und Outjo. Vergleichbar mit dem amerikanischen Monument Valley hat die Erosionsgewalt des Wassers hier Reste der alten Landoberfläche wie Tafelberge modelliert. Diese sogenannten *Ugab-Terrassen* sind bis über die Hälfte von imposanten Schuttkegeln verhüllt. Ein besonders malerisches Objekt ist das kleinste Erosionsrelikt, die fast vierzig Meter hohe *Fingerklippe* auf der Farm Bertram.

Verbrannter Berg (52). Eindringendes vulkanisches Gestein in Schiefer- und Sandsteinschichten schuf vor über hundert Millionen Jahren ein prächtiges Schauspiel in glänzenden dunklen Farben. Schwarze, purpurrote, graue und weiße Schlacken erwecken den Eindruck, dieser Hügel bei Twyfelfontein sei verbrannt.

Rechts: Lüderitz, Haus Ihnken. Alte Giebel und Erker, Jugendstil- und Gründerzeitfassaden machen den Charme des historischen Lüderitz aus.

Wenige Meter entfernt stehen *Basaltsäulen* wie Orgelpfeifen. Sie entstanden, weil Basaltlava beim Erkalten achteckige, längliche Kristalle bildet. Alle diese Erscheinungen sind Überbleibsel eines uralten Vulkanismus, Zeugnisse des Auseinanderdriftens der Kontinente Afrika und Südamerika.

Versteinerter Wald ⑲. Westlich von Khorixas wurden vor dreihundert Millionen Jahren, in der Karbonzeit, etwa fünfzig umgestürzte oder angeschwemmte Bäume von Sand luftdicht bedeckt, so daß sie nicht vermodern konnten, sondern unter dem Einfluß der Kieselsäure aus dem Sand versteinerten. Dabei blieben selbst Astlöcher und Jahresringe erhalten. Die Erosion legte die Stämme zwischen zahlreichen jungen Welwitschia-Pflanzen wieder frei.

Walvis Bay ㊿. Erst 1878 annektierte England den einzigen *Hochseehafen* der namibischen Küste und übergab ihn 1884 der Kapkolonie. Folge dieser Enklavenbildung war, daß bis 1990 hier alle südafrikanischen Apartheidgesetze galten, während das umliegende Namibia bereits seit 1977 liberaler verwaltet wurde. In jüngster Zeit zeichnet sich als Kompromiß eine gemeinsame Verwaltung von Walvis Bay durch Südafrika und Namibia ab.

Im Gegensatz zum nahen Erholungsort Swakopmund ist der Großhafen in erster Linie wirtschaftlich geprägt. Als Zentrum für Fleisch- und Fischexport hat er große Bedeutung für den jungen Staat.

Sehenswert ist vor allem die Lagune mit oft Tausenden von Flamingos und anderen Zugvögeln. Das *Museum* ist sehr geschichtlich orientiert und mit dem in Swakopmund vergleichbar.

Waterberg ㊲. Siehe Natur- und Wildreservate.

West-Caprivi-Wildpark ㉜. Siehe Natur- und Wildreservate.

Windhoek ③. Die mit Abstand größte Stadt – von vielen «die einzige Stadt Namibias» genannt –, geographisches Zentrum und Verwaltungshauptsitz zugleich, feierte 1990 ihr hundertjähriges Jubiläum. 1890 hatte der damalige Befehlshaber der Schutztruppe den Grundstein für die Festung, heute *Museum*, gelegt. Bei Nama und Herero war der Ort wegen seiner *Thermalquellen* bereits viel früher geschätzt. Ab etwa 1840 siedelte hier der Nama Jonker Afrikaner, der Führer der Orlaam, der wohl auch für die Namensgebung verantwortlich ist. Es heißt, Jonker benannte den Platz nach seinen Jugenderinnerungen an die Winterhoek-Berge im Kapland.

Ein schneller Ausbau zu Beginn des Jahrhunderts ließ eine Hauptstadt entstehen, von der heute noch viele Gebäude erhalten sind. Der *Tintenpalast*, seit jeher Verwaltungs- und Regierungssitz, die *Festung* mit dem Reiterstandbild und die *Christuskirche* überragen das Zentrum trotz seiner modernen Hochhausbauten. Windhoek liegt eingebettet zwischen Khomas-Hochland, Eros- und Auas-Bergen. Nördlich an den Stadtkern schließen sich die ehemaligen Townships Khomasdal, Brakwater und Katutura (in der Hererosprache «Der Ort, an dem keiner leben will») an, Überbleibsel südafrikanischer Apartheidsverwaltung und heute bevölkerungsreichstes Stadtviertel von Windhoek.

… noch einiges Wissenswerte über Namibia

Museen. Das bedeutendste Museum Namibias ist das *Windhoeker Staatsmuseum*, das in der Ausstellungshalle «Der Mensch in seiner Umwelt» eine hervorragende ethnologische Darstellung der Kulturen des Landes gibt. Nahezu alle natur- und kulturgeschichtlichen Besonderheiten, vom Aufbau der Welwitschia über die heimische Tierwelt bis zum Jagdgerät des Ureinwohners, werden gezeigt und erläutert. Zudem gibt es einen sogenannten «Touch Room», in dem Ausstellungsstücke auch einmal in die Hand genommen oder gar bearbeitet werden können. Eine Sammlung historischer Fotografien und Gegenstände aus der Kolonialzeit beherbergt die *Alte Feste* in Windhoek.

Fast jeder größere Ort hat ein eigenes, heimatgeschichtlich orientiertes Museum, das jeweils besondere Schwerpunkte setzt: Missions- und Besiedlungsgeschichte in den Missionskirchen von Keetmanshoop oder Bethanien, Diamantenbergbau in Lüderitz, Kolmanskop und Oranjemund, deutsche und südafrikanische Kolonialgeschichte in Swakopmund und Walvis Bay, Bergbau und Mineralien in Tsumeb. Weitere Museen und Sammlungen befinden sich in Grootfontein, Rehoboth, Duwisib und Rundu.

Zusätzlich sind auf vielen Farmen oder in Touristenunterkünften – wie zum Beispiel am Sesriem-Zeltplatz – kleine, aber interessante private Kollektionen zu besichtigen. Hinweisschilder in der Landschaft runden das von den Museen vermittelte Gesamtbild durch ihren direkten lokalen Bezug ab.

ten empfehlenswert. An der Küste gibt es ein reichhaltiges Angebot an Fisch, Muscheln, Austern und Langusten.

Neben diesen ursprünglichen Elementen gehört zur namibischen Küche natürlich alles, was die Einwohner und Kolonialisten an Eßkultur mitbrachten. Insbesondere das *Braai* (Grillen) hat sich zu einem wesentlichen Bestandteil namibischer Kochkunst entwickelt; ob Ziegenkotelett, Burenwurst, Kudu-Steaks (als «braaivleis», das heißt Grillfleisch), einheimische Zwiebeln oder Tomaten – alles wird auf dem Rost gebraten und behält auf diese Weise sein natürliches Eigenaroma. Abgerundet wird das Braai oft mit einer *Melktert*, einer Art heißer Milchtorte, oder mit arabischem Kaffee, gesüßt mit wildem schwarzem Honig. Eine weitere burische Spezialität ist der *Biltong*, ein früher aus Ochsenzunge («Bull-Tong»), heute eher aus Rindfleisch oder Wildbret hergestelltes dauerhaftes Trockenfleisch.

Insgesamt entstanden alle verfeinerten kulinarischen Genüsse Namibias im Grunde aus derber, einfacher Hausmanns- und Bauernkost, bei der es auch keinen Abfall gab.

Walvis Bay. Hauptattraktion des Ortes ist die Lagune, an der man Scharen von Flamingos, Pelikanen und andere Vogelarten sehen kann (siehe auch Seite 8).

Traditionelle Küche. Namibia ist zwar nicht gerade wegen seiner kulinarischen Spezialitäten berühmt, bietet aber durchaus ungewöhnliche und leckere Abwechslung. Exotisch mutet die angestammte *Veldkos* – alles, was der Busch hergibt – der San an. Neben Wild enthält diese Nahrung weit über hundert verschiedene und teils sehr wohlschmeckende Früchte: von den Nara-Melonen der Namib, Termitenpilzen, Kalahari-Trüffeln oder der Mongongonuß bis zu den Schoten von Seringa, Akazien oder der süßen Monkey-Orange.

Das Obst läßt sich meist mit dem *Millipap*, dem Maisbrei der Landbevölkerung, kombinieren und bereichert so die ansonsten oft einseitige Ernährung mit Vitaminen. An Wild sind besonders alle Antilopenarten, Zebras sowie Perlhuhn und andere Geflügelar-

Touristische Infrastruktur. Die über siebzigjährige Besetzung und Verwaltung Namibias durch Südafrika führte zu einem im afrikanischen Vergleich sehr guten Ausbau der touristischen Einrichtungen. Je nach seinen Wünschen kann der Reisende eine Reihe von optimal ausgestatteten Zentren buchen, um von dort aus die Attraktionen der umliegenden Gegenden zu besuchen. Nur so konnten die großen Entfernungen zwischen den verschiedenen Anziehungspunkten sinnvoll überbrückt und ein breites Spektrum an touristischen Sehenswürdigkeiten erschlossen werden. So stellt beispielsweise Keetmanshoop ein touristisches Zentrum für den Süden des Landes dar, von dem aus der Fischfluß-Canyon, der Köcherbaumwald, Großer Brukkaros und der Kalahari-Gemsbok-Nationalpark in Südafrika erreicht werden können; von Swakop-

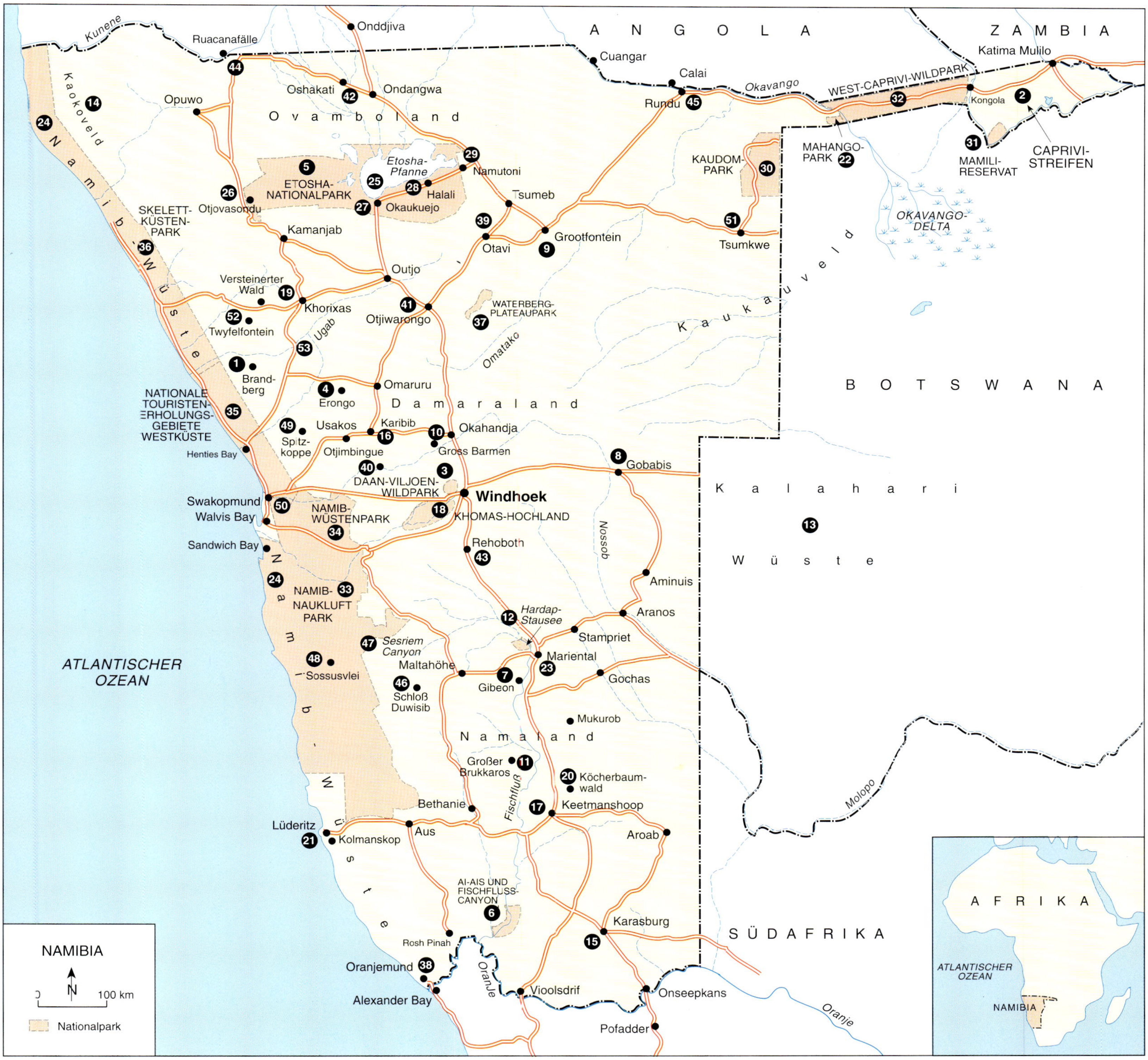

mund aus besucht man die Namib oder die Skelettküste, von Tsumeb aus Otjikoto- und Guinas-See, Etosha, Waterberg und Buschmannland, von Rundu aus West-Caprivi, Mahango und Kaudom oder von Khorixas aus Twyfelfontein, Verbrannter Berg, Versteinerter Wald, Brandberg, Ugab-Tal und Etosha.

Diese Mittelpunkte bieten in der Regel Unterkunftsmöglichkeiten aller Kategorien und Preisklassen und sind durch asphaltierte Straßen miteinander verbunden. Daneben gibt es ausgezeichnete Hotels oder feste Camps mit Restaurants in oder bei den Nationalparks, wie Okaukuejo, Halali und Namutoni in Etosha oder Ai-Ais im Fischfluß-Canyon.

Zusätzlich zu den zahlreichen Gästefarmen verdienen die ausnahmslos sehr schön angelegten, bisweilen bestens ausgestatteten Zeltplätze besondere Erwähnung. Leopardenspuren um die Anlage im Kuiseb-Canyon, Elefantenlosung morgens vor dem Zelt im Kaudom oder die Krokodile bei Rundu vermitteln abseits der großen Touristenströme einen Hauch von Abenteuer. Die besonderen landschaftlichen Schönheiten sind häufig durch Wanderwege («Trails») erschlossen, wie jener durch den Fischfluß-Canyon, durch die Naukluftberge, am Waterberg, dem Daan-Viljoen-Park oder durch den Ugab-Trail im Skelettküstenpark. Der Norden der Skelettküste ist nur über Flugsafaris zu besuchen – Autopisten sind dort nicht gebaut worden.

Kaum von Touristen genutzt werden die öffentlichen Verkehrsmittel. Die Eisenbahn ist relativ langsam, doch die überregionalen Busverbindungen stellen eine durchaus schnelle, zuverlässige und sichere Alternative zum Autoverkehr dar, fahren aber natürlich nicht alle interessanten Ziele an.

Register

Kursive Ziffern verweisen auf Abbildungen.

Personenregister

Orts- und Sachregister